FAO中文出版计划项目丛书

# 新冠肺炎疫情下的数字金融行业及其普惠性：
## 教训、经验和建议

联合国粮食及农业组织　编著

王玉庭　任育锋　张智广 等　译

中国农业出版社
联合国粮食及农业组织
2022·北京

引用格式要求：

粮农组织和中国农业出版社。2022年。《新冠肺炎疫情下的数字金融行业及其普惠性：教训、经验和建议》。中国北京。


07-CPP2021

本出版物原版为英文，即 *Digital finance and inclusion in the time of COVID-19：Lessons, experiences and proposals*，由联合国粮食及农业组织于2021年出版。此中文翻译由中国农业科学院农业信息研究所安排并对翻译的准确性及质量负全部责任。如有出入，应以英文原版为准。

ISBN 978-92-5-136819-0（粮农组织）
ISBN 978-7-109-30168-9（中国农业出版社）

# FAO中文出版计划项目丛书

## 指 导 委 员 会

# ACKNOWLEDGEMENTS | 致　谢 |

本书由粮农组织包容性农村转型及性别平等司（Rural Transformation and Gender Equity Division，简称ESP）的农村机构、服务和赋权（Rural Institutions，Services and Empowerment，简称RISE）小组编写。本书由农村金融专家Niclas Benni在政策官员 Azeta Cungu监督下撰写。

本书建立在提升农村金融能力建设合作伙伴网络（CABFIN）框架内，由粮农组织、联合国资本发展基金、德国国际合作机构、世界粮食计划署、国际农业发展基金和世界银行在内的主要发展机构共同开展，致力于农村和农业融资领域的研究。具体而言，本书通过了材料、反馈和复核并受益于伙伴关系的财政和技术贡献。

本书的进展得益于以下这几位同事和朋友提供的重要支持和贡献。在粮农组织内部，作者要感谢Azeta Cungu、Silvia Storchi、Adriano Campolina、Jun He、Lixia Yang、Yahor Vetlou、Massimo Pera、Federico Spano、A'kos Szebeni和Frank Hollinger，感谢他们的宝贵意见和反馈。特别感谢世界银行扶贫协商小组（CGAP）的Jamie Anderson、Ivo Jenik、Silvia Baur-Yazbeck和Eric Duflos，感谢他们审查本书并提供重要的见解。

还要感谢Kim Des Rochers校对和编辑本书，以及Bartoleschi工作室提供的版面设计。

# 缩略语 | ACRONYMS

| | | |
|---|---|---|
| B2B | Business-to-business | 企业对企业 |
| B2C | Business-to-client | 企业对客户 |
| CDD | Customer Due Diligence | 客户尽职调查 |
| CICO | Cash-in Cash-out | 套现套出 |
| CGAP | Consultative Group to Assist the Poor | 世界银行扶贫协商小组 |
| COD | Cash-on-delivery | 货到付款 |
| FI | Financial Institution | 金融机构 |
| G2P | Government-to-person | 政府对个人 |
| GSMA | Global System for Mobile Communications | 全球移动通信系统 |
| ICT | Information and Communications Technology | 信息通信技术 |
| ILO | International Labour Organization | 国际劳工组织 |
| KYC | Know-your-customer | 了解你的客户 |
| LMICs | Low- and-middle income countries | 中低收入国家 |
| MENA | Middle East and North Africa | 中东和北非 |
| MMO | Mobile Money Operator | 移动货币运营商 |
| MNO | Mobile Network Operator | 移动网络运营商 |
| MSME | Micro-, Small-, and Medium-sized Enterprise | 微、中小型企业 |
| NERC | National Ebola Response Committee | 国家埃博拉病毒应对委员会 |
| OTC | Over-the-counter | 场外交易市场 |
| P2G | Person-to-government | 个人对政府 |
| P2P | Peer-to-peer | 点对点 |
| UNCDF | United Nations Capital Development Fund | 联合国资本发展基金 |
| UUBI | Universal ultra-basic income | 全民超级基本收入 |
| WFP | World Food Programme | 世界粮食计划署 |

# INTRODUCTION 简 介

　　新冠肺炎疫情已导致世界各地，包括发展中国家和发达国家的人们的生计长期受到严重破坏。这场疫情的影响体现在我们社会的方方面面，给民众生活和国家经济留下了深刻的印记，这些影响在疫情结束后可能还会持续很多年。

　　作为全球应对新冠肺炎疫情的一部分，数字金融行业在开发、提供服务和创新方面一直发挥着关键作用，这些服务和创新在一定程度上减轻了疫情给人们生活带来的多方面压力。特别是在发展中国家和新兴经济体国家，金融技术（即金融科技）在保护人民生计和企业业务方面具有巨大潜力，在新冠肺炎疫情持续蔓延的背景下，它能够保障社会内部的现金流、信贷、存款、投资、工资、政府对个人转账（Government-to-person，简称G2P）和点对点转账（Peer-to-peer，简称P2P）等业务在国家和区域层面上得以维持。

　　公共和私营部门对新冠肺炎疫情的反应一直在促进发展中国家数字金融普惠性进程的加速发展，诸如一些西非国家，然而单个国家的进程与所在区域相比仍然滞后（Peyton，2020）。在金融需求方面，鉴于人们在长期封锁、保持身体距离和生计中断的状况下一直寻求能够运行和管理他们生活中的财务金融板块的其他方式，发达国家和发展中国家都在订阅和使用数字金融服务方面经历了大幅增长。在供应方面，传统的金融机构（Financial Institutions，简称FIs）被迫从根本上重新思考其业务模式和交付机制，对其数字渠道进行大量投资，最终往往会加速其已有金融产品的数字化进程。

　　从发展的角度来看，在新冠肺炎疫情带来的混乱中，金融服务数字化的加速转变可能是金融普惠性发展的意外之喜。在疫情之前，数字金融（主要是移动货币）已经被证明是发展中国家和新兴经济体国家金融普惠性发展的一个基本推动因素，特别是在难以触及、偏远地区的个人金融服务方面。疫情之后，不同主体（政府、企业和公众）对金融技术的兴趣迅速激增，这必将对数字渠道在全球范围内促进金融普惠的潜力增加产生实质性影响。

　　然而，人们对这种无现金、数字银行趋势的快速社会转变带来的影响表示非常关切。首先也是最重要的一点，数字金融有可能扩大那些已经有能力获得数字金融服务的人与那些可能无法获得数字金融服务的人之间的鸿沟，后者包括农村人口、妇女、极端贫困者、移民和难民、原住民、老年人和识字不多的人，而且这些类别往往相互交织。此外，在数据隐私和安全、透明度、掠夺性贷款和市场垄断等方面存在一系列的关键问题，本书将对这些问题进行深入分析。

总的来说，疫情结束后，全球范围内的数字金融普惠的轨迹必将被永久性改变，因为数字金融领域快速激增带来的创新和积累将使得这场变革留下持久的痕迹，这些痕迹不仅会影响到金融科技行业，而且会影响到民众和政府对这些技术的整体认知和接纳方式。

鉴于以上前提，本书有两个主要目标：

（1）全面概述新冠肺炎疫情如何影响中低收入国家（Low- and -middle income countries，简称LMICs）的数字金融生态系统，如何从整体上加快了金融服务的广泛数字化进程。目前，这一进程已经在部分发展中国家和新兴经济体国家部分展开。本书旨在阐明接受和推广数字金融可能带来的机遇和风险，提供基于利益相关者视角的推动数字金融发展的整体思路与范式，以促进普惠金融发展。

（2）展示公共和私营机构如何以传统和创新的方式使用数字金融服务，以减轻新冠肺炎疫情对中低收入国家经济和社会的影响，同时也为建立囊括弱势公民的长期数字普惠金融奠定了基础。本书不仅展示已经实施并形成规模的创新做法，而且涉及主要专家对金融和金融科技领域发展的新建议，为政策制定者和行业从业者应对此次疫情和未来可能出现的危机制定创新性解决方案提供借鉴与启发。

鉴于参与应对新冠肺炎疫情的公共和私人利益相关者数量众多，而且数字金融服务在缓解疫情的影响和在封锁期间保持重要服务的运作方面具有重要的用途，本书的目标受众相当广泛，包括：

● 政策制定者。国家和地区层面的政策制定者可以借鉴本书涉及的其他国家或地区在新冠肺炎疫情背景下实施的政策和应对措施，为本国和地区在数字金融领域设计自己的一套政策干预和合作计划提供思路。政策制定者也可以从本书研究内容中汲取经验教训，预判目前他们应对疫情所采取的政策做法中可能存在的瓶颈和制约因素，遏制其在金融普惠方面可能产生副作用和不平等现象的做法。

● 发展工作者（及其机构）。发展工作者（及其机构）可以将本书结论应用于发展中国家和新兴经济体国家新冠肺炎疫情应对方案、研究和能力建设等方面，以便更好地全面推进数字金融普惠。

● 移动货币运营商（Mobile Money Operators，简称MMOs）、金融科技公司和其他金融机构（FIs）。他们可以利用这些信息来确定当前和未来一段时间因为新冠肺炎疫情产生的服务需求差距，随后通过扩大其提供的定制数字金融产品规模来缩小这些差距，从私营部门的经验中获得产品设计

（或重新设计）的灵感。

为了实现上述目标，并帮助不同的目标受众确定与他们的工作最相关的内容，本书的结构分为七个部分。

①新冠肺炎疫情对数字支付和转账的影响。本节概述了当前和预期新冠肺炎疫情对世界各地数字支付和转移的影响。它展示了政策制定者和移动货币运营商采取的以促进国家层面的数字支付和转账渠道使用的各种措施，这既是对现金使用的一种替代，也是在面临封锁和保持身体距离时加强生计的一种有效工具。

②促进数字支付的使用以实现电子商务和上门送货服务。本节特别关注在应对此次新冠肺炎疫情背景之下推广数字支付的方式，即以电子商务和上门送货服务作为恢复生计、提供必需品，以及促进微型、小型和中型企业恢复的手段。

③确保通过数字渠道及时支付一线工作人员费用。本节探讨了对活跃在抗击新冠肺炎疫情第一线的工作人员进行数字化支付的好处，这种方式不仅具有能够提高该类人员工资支付的精确性、安全性和及时性等方面的优势，还具备加强实地疫情应对的能力。

④新冠肺炎疫情背景下向完全数字化汇款过渡。本节重点是研究新冠肺炎疫情对来自世界各地的外出务工人员向其本国汇款的影响。本节阐释了在以广泛封锁措施和普遍经济瘫痪为特征的情况下，开发能够在全球范围内促进资金流动的完全数字化汇款链所面临的挑战。

©联合国资本发展基金（UNCDF）

乌干达坎帕拉的商贩在她的手机上展示了SafeBoda应用程序

⑤通过数字化G2P转账构建社会安全网。本节重点介绍世界各国普遍实施的针对那些因新冠肺炎疫情而失去主要收入来源的弱势公民而展开的数字化G2P现金转移计划。本节进一步阐释数字化社会安全网如何在社会现金转移的推广性、及时性、精确性和透明度等方面产生积极作用，从而为人口中最脆弱的群体提供基本保护。

⑥ 提供数字信贷解决方案以减轻新冠肺炎疫情的影响。本节的重点是使用创新和定制的数字信贷产品，帮助受新冠肺炎疫情严重影响的小企业抵御毁灭性打击，以及商业数字化的长期进程，帮助它们在后疫情时代中保持竞争力。

⑦ 最后是思考和建议。本节明确提出了关于新冠肺炎疫情影响发展中国家和新兴经济体国家中数字金融普惠性演变的一系列关键因素。它还提供了一系列针对政策制定者、发展机构和移动货币运营商的一般性建议，帮助他们制订应对疫情的战略措施，尤其是将利用和促进数字金融服务作为促进普惠性和复原力的基本工具。而大部分建议在未来的大规模灾难性事件中也必将具有价值。

CONTENTS **I 目 录 I**

# 第1章

## 新冠肺炎疫情对数字支付和转账的影响

## 1.1 新冠肺炎疫情促进金融数字化进程加速

在过去的15年里，数字金融服务已经成为发展中国家和新兴经济体中金融普惠的重要推动力，它使越来越多以前没有银行账户的个人能够远程储蓄、借款、支付和转账。特别是移动金融服务已经成为促进中低收入国家金融普惠性、扶贫和经济增长的重要工具，在过去10年中得到飞速发展。为了解这一现象的发展规模，图1-1显示了2011—2018年不同地区注册移动支付账户数量的增长情况。虽然账户的增长在各地都相当可观，但增幅最大的是撒哈拉以南非洲地区（截至2018年，约有4亿个注册账户）和南亚地区（2.87亿个）。

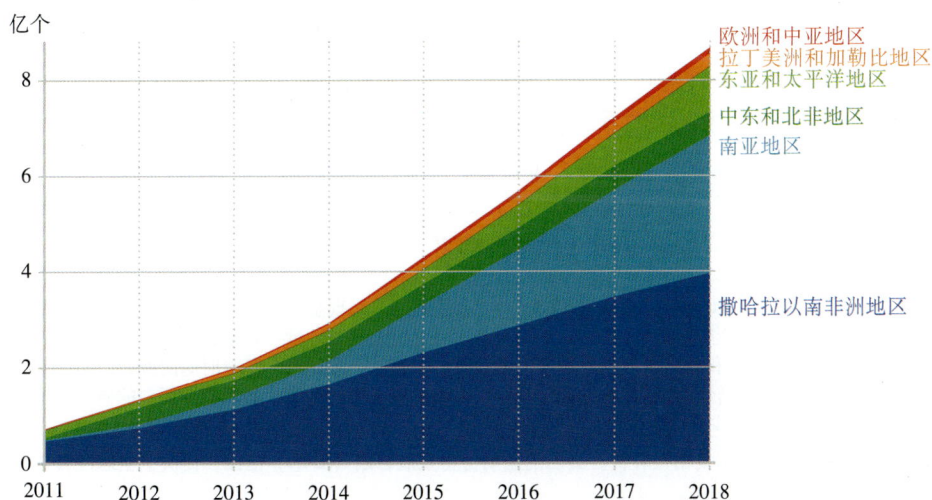

图1-1 2011—2018年不同地区注册移动支付账户情况

资料来源：全球移动通信系统协会，2019，改编自 ourworldindata.org CC BY 4.0。

全球移动通信系统（Global System for Mobile Communications，简称GSMA）最新发布的《移动支付行业状况报告》对新冠肺炎疫情暴发前一年的全球移动支付情况进行了简要介绍，报告内容显示：截至2019年，全球移动支付账户总数超过10亿个。在不足1/3人口拥有正规金融机构账户的国家中，96%的国家有移动支付服务，这说明了该服务对金融普惠性的极度重要性。2019年，数字交易的总价值首次超过移动货币总流量的一半以上（57%），高于与套现套出（Cash-in Cash-out，简称CICO）交易相关的价值。换言之，在2019年，更大份额的资金是以数字形式进/出该系统，而不是通过现金转换（GSMA，2019）。正如本书中所看到的，这种向无现金（或"轻现金"①）社会的逐渐转变，对应对新冠肺炎疫情具有一系列积极意义。

尽管这种做法有一定的前景，但应注意的是，中低收入国家的数字鸿沟仍然非常严重，特别是由于信息通信技术（Information and Communications Technology，简称ICT）基础设施仍然存在巨大的差距，尤其是在偏远的地区。根据2019年GSMA发布的数据显示：全球只有47%的人口能够连接到移动互联网（35.4亿人）；而43%的人口尽管居住在移动宽带网络的覆盖范围内，仍无法访问互联网（即33.8亿人的"使用差距"）；10%的人既无法访问，也无法在覆盖范围内受益（即7.5亿人的"覆盖差距"）。南亚（77%）、撒哈拉以南非洲地区（76%）以及中东和北非（60%）的覆盖差距和使用差距合计最高。

移动设备所有权和移动金融服务可获得性方面的性别差距也是数字鸿沟的一个特别关键的组成部分。根据GSMA 2020年第一季度的数据，中低收入国家女性拥有手机的可能性比男性低8%（即1.65亿人），通过手机上网的可能性低20%（即3亿人）。根据2018年验明身份发展计划（ID4D）全球数据集②，中低收入国家的女性和男性在获得正式身份证明的比率存在16个百分点的差距，这是移动账户注册和一般金融普惠性的关键推动因素。最后，2017年版Global Findex③的最新数据显示，通过移动账户进行或接受数字支付的男性和女性之间存在7%的差距（比尔及梅琳达-盖茨基金会等，2020）。

---

① 正如Mas和Porteous（2013）所说明的："普惠性的'轻现金'并不一定是指无现金，而是指现金越来越多地被置于电子网络的'边缘'，并主要用于当地社区的小额、面对面的支付。在一个无现金的世界里，实体货币和数字货币相互竞争，各自找到自己的利基应用，随着时间的推移，实体现金的作用将逐渐减弱。向轻现金世界的逻辑过渡始于人们减少现金的运输，然后减少现金的储存，最后在日常支付和交易中减少（或不使用）现金的趋势。"

② 全球ID4D数据集由世界银行集团的验明身份发展计划（ID4D）汇编，提供了全球没有合法身份证明的个人数量的估计。

③ 世界银行的Global Findex是世界上最全面的关于成年人如何储蓄、借款、支付和管理风险最全面的数据库。在比尔及梅琳达-盖茨基金会的资助下，自2011年开始，每三年发布一次。这些数据是与盖洛普公司合作收集的，对140多个经济体中超过15万名成年人进行全国性的代表性调查。

这些数据为我们提供了一些有趣的线索，让我们了解到在新冠肺炎疫情之前的发展中国家和新兴经济体的数字金融普惠性状况。然而新冠肺炎疫情又是如何影响以上现状呢？首先，新冠肺炎疫情加速了中低收入国家金融服务数字化的推广进程，而这一进程在暴发疫情之前已经以不同的速度进行。人们一直在接受数字金融产品，以努力减轻新冠肺炎疫情（以及随后的公共应对措施）给他们的个人和职业生活带来的严重限制和挑战。金融机构一直在大力投资数字金融服务供给，以应对广泛增长的需求，适应和抵御疫情带来的影响。各国政府一直在通过有针对性的政策和干预措施促进数字金融服务（特别是数字支付和转账）的使用，以缓解疫情传播，并从更广泛的角度将其作为社会保护、加强生计和提高应对新冠肺炎疫情复原能力的工具。

从金融普惠性的角度来看，与金融数字化进程全面加速相关的主要风险之一，是将那些特别容易受到新冠肺炎疫情影响的一大类人抛在进程之外，如老年人和生活在农村地区的人，他们不太可能获得和使用该种服务。正如前文中所说明的那样，推动金融数字化进程应与适当考虑普惠性和充分的客户保护措施相平衡。事实上，这应该是数字金融生态系统中所有利益相关者共同关心的问题，包括政策制定者、移动货币运营商、金融科技公司、国际发展机构等。

在接下来的章节中，本书将全面分析新冠肺炎疫情时期在金融数字化加强背景下的各方面情况，如公共和私人行为主体促进和利用这一进程的不同方式，以及从金融普惠性的角度来看，对发展中国家和新兴经济体国家的相关影响。

© 货币、技术和金融包容性研究所（CC by SA 2.0）

阿富汗蒙孔迪的货币兑换商

## 1.2 使用数字支付和转账服务的用户数量激增

新冠肺炎疫情暴发后，在各种不同的背景下，全球范围内的数字支付和转账服务的使用率激增。即使是在疫情发生前数字金融服务的获取和使用水平相当高的国家，也出现了订阅和使用数字金融服务激增，这是因为之前一直回避这一市场的人口群体（如老年人和生活在农村地区的人）出于需要被迫过渡到这些系统。

以下几节将进一步分析促成发展中国家和发达国家使用数字支付和转账服务增长的因素：由于强制性的限制和尊重社交距离的需求，人们对数字金融服务的依赖程度增加；尽管未经证实，但人们普遍担心现金可能成为新型冠状病毒病原体载体；政府方面实施了大规模的数字社会转移计划，试图为数百万弱势公民提供经济救济；外出务工人员使用数字汇款服务的占比激增。

然而，此次新冠肺炎疫情对数字支付和转账的影响并不完全是积极的。显然，受到疫情严重影响的行业，如旅游、教育和酒店业，其数字支付的入账量大幅下降。然而，可以假设，随着世界从新冠肺炎疫情的影响中逐渐适应和恢复，这些减少的数量将慢慢反弹，最新的数据似乎也证实了这一点。另一方面，新冠肺炎疫情将对全球范围内数字支付和转账服务的使用和熟悉产生持久性的积极影响，因为这些服务越来越融入到部分人群的整体金融行为，并有可能在未来几年内重塑该行业的发展轨迹。

同时，全球数字支付趋势的更深层次的变化都将需要相当长时间的开展和巩固，这一过程将主要取决于新冠肺炎疫情的总体持续时间、为减轻其对经济的影响而采取的措施，以及金融消费者的习惯和行为的逐步转变。

以下数据有助于了解不同国家在疫情暴发后的前几个月里，在数字支付使用方面的变化：

- 根据凯捷研究所（2020年）对11个国家的调查[①]，46%的消费者预计其数字支付渠道的使用频率在新冠肺炎疫情开始半年内增加，其中18～45岁消费者的增幅最大。
- 印度咨询公司Local Circles（2020）的一项调查发现，42%的印度人在疫情暴发后的三周内增加了对数字支付的使用频率，主要是为了在实体供应商和电子商务平台上购买必需品。
- 在肯尼亚，根据肯尼亚FSD公司的数据，新冠肺炎疫情的暴发对数字支付量的影响在不同行业之间有很大差异（Mburu，2020）。一方面，一些商品

---

① 这项调查于2020年4月进行，涵盖了中国、法国、德国、印度、意大利、荷兰、挪威、西班牙、瑞典和美国的11 200名消费者。

行业在疫情暴发后，收到的数字支付量大幅增加，如食品和杂货店（增加35%）、药店（18%）和农业企业（54%）。另一方面，特定的商品行业的数字支付量大幅减少，例如，由于学校关闭，与教育有关的数字支付下降了94%，而旅游业的数字支付在4月份下降了56%（尽管次月降幅已经减少到39%）。

- 巴基斯坦领先的移动支付平台之一Easypaisa的数据显示，在封锁期间，新客户增加了35%，日交易量增加了17%，通过移动钱包进行的银行转账增长了185%（Kumar和Shah，2020）。

- 在菲律宾，该国最大的移动货币运营商GCash数据显示，在疫情暴发后的第一个月，移动货币账户的注册量增加了150%，注册用户总数达到了2 000万个（Endo，2020）。该公司还报告称，2020年5月通过其平台支付的总金额比2019年同月登记的金额高8倍（Endo，2020）。

- 在卢旺达，根据Cenfri的数据，在2020年3月最后一周实施封锁后，移动设备驱动的点对点（P2P）转账的额度和数量急剧上升，稳定在新的更高水平上，并在整个4月继续缓慢上升（图1-2）（Carboni和Bester，2020）。发送点对点转账的个体用户数量翻了一番，从封锁前一周的60万增加到封锁后一周的120万，在4月底上升到180万。以移动货币运营商MTN提供的数据为例，移动支付的额度也急剧上升（封锁后一个月内上升了700%），原因是更多的用户进行了更大数额的交易（Carboni和Bester，2020）。

图1-2　2020年3月21日解封前后卢旺达每周点对点转账的额度和交易量

资料来源：Carboni和Bester，2020。

注：3月19日（封锁前三天）交易额降至零。

## 1.3　推广数字支付以减少对现金交易的依赖性

目前没有确凿的科学证据表明新冠肺炎病毒可以通过被污染的纸币或硬币传播。最近的各种研究表明，该病毒可以在各种材料上存活相当长的时间，包括纸币[①]。尽管如此，通过触摸纸币而感染的实际风险（如果有的话）仍然是未知的，迄今为止，还没有证明触摸纸币和病毒传播之间存在明确的联系。国家层面的金融部门监管机构在这个问题上采取了不同的立场，要么试图恢复现金作为安全交易媒介的信心，要么积极阻止其使用以避免可能的感染风险[②]。尽管在这个问题上缺乏明确的答案，但在发展中国家和发达国家，数字支付工具的使用都出现了强劲的增长，这既可以避免触摸现金[③]，也可以在长期封锁的情况下促进购买。世界各地的政府和监管机构通过设计和实施综合战略推广其市场上的数字支付，将监管改革、对公众的建议以及与金融科技公司和移动货币运营商开展目标性合作相结合，进而支持这一进程。

大多数此类响应政策都由政策制定者在严格把控的基础上临时实施，尽管其中一些政策（如客户注册要求有关的政策）可能会刺激金融监管框架发生更持久的变化。此外，各国也还有一些值得注意的案例，即在疫情暴发不久，各国的移动货币运营商在没有受到监管机构的强迫下，自行实施了类似的措施。在这方面实施的一些最常见的措施有：

● **免除或降低数字交易的费用**。这些类型的临时措施包括全部或部分削减P2P交易以及个人对银行和银行对个人线下交易，目的是促进使用数字支付和转账代替实物现金。在一些国家（如肯尼亚），对低于一定门槛的交易免收费用，以鼓励使用移动货币，特别是低价值的日常交易，从而减少实物纸币在市场上的流通。

● **降低交易所需的最低金额**。这也鼓励了小额常规支付的数字化。

● **提高交易限额和最大钱包余额**。这些措施旨在促进必需品和非必需品的交易和购买，使移动钱包所有者在超过每日/周/月限额，或在有关物品过于

---

① Chin等人（2020）发表在《柳叶刀》上的一项研究报告称，在实验室条件下，被新型冠状病毒污染后的两天内，仍可在纸币表面检测到微量的感染性。Van Doremalen等人（2020）发表在《新英格兰医学杂志》上的另一项研究表明，新型冠状病毒的两株病毒在污染后24小时内仍在纸板上保持微量，而在塑料上则高达72小时。

② 例如，加拿大、德国、卢森堡和新西兰的中央银行已经宣布，纸币感染的风险很小，应该将现金视为一种安全的交换媒介。然而，中国人民银行和韩国银行甚至在经济中流通前对纸币进行消毒，而科威特和匈牙利的中央银行对新印制的纸币进行两周的隔离（Auer, Cornelli和Frost, 2020；Lepecq, 2020）。

③ 除了交换可能被污染的纸币外，移动交易还可以完全消除买方和卖方之间的任何物理接触。

昂贵时，不必诉诸于现金。

- **降低手续费**。鉴于疫情影响，暂时降低手续费（即当顾客使用信用卡/借记卡在其商店购物时，商家的银行账户必须支付的交易费用）可激励通过非接触卡支付而非现金支付。然而，可以肯定地说，这种措施与移动或在线支付相比，在保持正常社交距离方面效果略差。

- **放宽对新客户注册和自行注册客户要求**。采取这类措施的根本原因是为了让新客户快速进入移动支付系统，同时减少客户和代理商之间的联系（GSMA，2020b）。有关这些措施的挑战和权衡的更深入讨论，见第5.2节。

以下的清单提供了一些应用上述及其他措施的具体例子，作为世界不同地区的中低收入国家公共和私人应对新冠肺炎疫情的一部分。请注意，除非另有说明，所有这些措施都是临时实施的。

- **加纳**：中央银行在2020年3月宣布，所有银行和移动货币运营商必须暂时免除100吉拉姆（18美元）以下的移动交易费用，同时放宽客户注册要求，允许公民通过现有手机注册信息开设低级别的移动钱包账户，以上操作都不需要提供额外的文件。每日和每月的交易限额，以及最大的账户余额限额，也根据所拥有的账户级别，按比例增加（Bright，2020）。

- **印度**：印度中央银行（印度储备银行）鼓励印度公民使用数字支付服务代替现金，国家支付公司也响应了这一点，并发起了一个全面的宣传活动（"印度支付安全"）以进行宣传。商业银行部门已经暂时免除了数字银行平台的资金转移费用，以鼓励数字支付。

- **肯尼亚**：在总统乌胡鲁·肯雅塔发出"探索深化移动货币使用的方法，以减少通过使用现金传播病毒的风险"的指令后，肯尼亚中央银行实施了一项捆绑式的应对策略，以鼓励在该国使用数字支付。这些临时措施包括：免除所有1 000肯尼亚先令（9美元）以下的移动支付的交易费用；将移动支付的交易限额提高到150 000肯尼亚先令（1 400美元）；免除移动支付钱包和银行账户之间的转账费用；将移动支付交易的每日限额提高到300 000肯尼亚先令（2 800美元）；并取消每月限额（Benni，Berno和Ho，2020）。

- **尼日利亚**：尽管该国中央银行采取的措施只限于向公众推荐使用数字货币而不是现金，但该国主要的移动货币运营商单方面采取了一些举措来促进这一变化。例如，电信公司MTN Nigeria免除了通过其MoMo代理网络进行的所有移动货币转账的费用；移动支付公司Paga免除了商家通过其平台接收客户电子支付的费用；头部电子商务供应商Jumia为通过其JumiaPay门户网站使用万事达卡支付的客户提供了所有商品购买价格

10%的折扣（Adesina，2020）。

- **巴基斯坦**：2020年3月，巴基斯坦国家银行暂时免除了客户在注册网上和移动银行账户时的生物识别要求，并免除了通过在线渠道进行资金转移的所有费用。还建议银行确保其客户支持机制（如服务台等）能够全时正常运作，以帮助客户使用替代交付渠道，如手机和网络银行、自动取款机等。

- **卢旺达**：2020年3月，卢旺达国家银行免除了移动货币转账、银行账户和移动钱包之间转账的费用，以及使用移动交易支付的交易手续费用。该银行还将使用移动货币钱包的个人转账限额提高了3倍，从500 000卢旺达法郎提高到1 500 000卢旺达法郎（520美元到1 560美元）（Carboni和Bester，2020）。

- **西非经济和货币联盟**：西非国家中央银行除了在国家一级采取的措施外，还在其成员国中推出了一些促进数字货币使用的措施：对所有低于50 000非洲法郎（86美元）的P2P交易免收费用；提高手机钱包的每日和每月充值限额；对通过移动货币支付低于50 000非洲法郎的公用事业账单免收费用；免除商家使用移动货币购物所支付的费用；放松KYC要求，允许移动货币用户远程登记（GSMA，2020b）。

在新德里的一家杂货店，使用二维码鼓励客户通过手机进行非接触式支付

©图片供应/佚名摄影师

尽管存在这些积极举措，但必须强调的是，对于整个中低收入国家的人口来说，这种加速数字化支付的过程有其自身的风险和挑战。从普惠、获取、教育和监管的角度来看，中低收入国家社会经济结构中现有的差距和失衡，都必然会影响上述公共政策因素，对人们的复原力、社会和经济赋权以及整体发展产生潜在的扭曲和负面影响。以下是与加速数字化支付进程相关的主要风险：

- **扩大数字和金融普惠性鸿沟**：从发展的角度来看，只有当政策制定者和私营金融机构确保这一过程不会进一步扩大那些已经有能力获得和使用数字金融服务的人与那些没有能力的人之间的鸿沟时，才能可持续地实现在国家层面上向数字支付和转账过渡这一目标。在仍然缺乏适当的信息技术基础设施、兼容的移动电话拥有水平、数字和金融知识、有利的部门监管等条件的国家，数字和金融普惠性方面的现有差距限制着农村人口和原住民、妇女和青年等得不到服务的人，而且现有差距仍有可能扩大。

- **隐私和监控问题**：金融服务数字化进程的加快，势必会使政府和私营金融部门获得大量的公民个人数据，这不仅是因为客户注册和使用数字金融产品的数量突然增加，还因为在国家级数字识别系统、地理定位和其他功能的实施或扩展。发展中国家和发达国家的一些政府已经开始利用这些数据来指导和发布新冠肺炎疫情卫生应对策略，例如，以公共卫生管理的名义，限制人们的行动，以切断新冠肺炎疫情传播的可能路径（关于这方面的更多信息，见第2.1节）。

  联合国系统内的一些观察员[1]指出，政府广泛使用（或滥用）这些关于公民金融身份和行为的数据，特别是与其他私人信息的数字来源（如联系人追踪应用程序或私人行程记录）相联系时，有可能为广泛的国家监控和长期滥用行政紧急权力铺平道路，甚至在疫情结束后继续利用。这种风险不仅局限于在新冠肺炎疫情之前已经显示出专制倾向的国家，它也适用于已建立的民主国家，在这些国家中，围绕政府监控公民的限度的辩论目前正在进行。

- **欺诈、数据盗窃和诈骗的风险增加**：数字支付和转账服务的使用激增，增加了数字欺诈、数据盗窃和诈骗的风险，因为可供选择的购买方式较少，个人交易的数量成倍增加，而且由于新冠肺炎疫情的限制，成千上万不熟悉这些服务的人出于需要首次使用。新老用户都有可能成为移动和互联网诈骗的牺牲品，受到了提供数字服务的金融机构的欺诈和误导性商业行为

---

[1]　例如，世界卫生组织（WHO，2020）、Berman等（2020），以及联合经济和社会事务部（UNDESA，2020）。

的损害。公司可能会受到勒索软件的攻击，即公司的文件被恶意软件加密，使其无法访问，并被要求支付赎金以解密文件。特别是在发展中国家和新兴经济体，数字和金融知识水平可能相对较低，消费者和企业可能特别容易受到这类风险的影响。

事实上，在新冠肺炎疫情暴发后收集的一些初步数据，似乎反映了数字金融用户对欺诈和诈骗风险增加的担忧，因为封锁中的人们对这些服务的依赖性更高。例如，根据支付系统公司ACI Worldwide（2020）的一项调查，46%的印度消费者表示，在新冠肺炎疫情暴发后，他们对数字支付欺诈的担忧大大增加，而28%的人宣称他们在使用这些服务时大大增加了谨慎性。

政策制定者可以采取几层干预措施来减轻这种风险，包括引入透明和公正的补救机制、加强数字金融领域的金融机构的监管、加强金融机构内部结构的IT安全、培训代理人、扩大消费者对金融机构的选择、对消费者进行数字和金融教育、鼓励易用性和以顾客为中心的应用程序和数字平台设计等。这些不同类型的政策和计划干预措施将在本书的各个部分进行深入分析。

# 第2章

## 促进数字支付的使用以实现电子商务和上门送货服务

## 2.1 总体概述

新冠肺炎疫情和随之而来的封锁措施导致了全球范围内向网上购物的快速转变和对上门送货服务的更大依赖，因为人们被迫留在家中，不得不调整其购买和消费模式以适应新的情况。除了发达国家之外，这种情况也出现在那些在新冠肺炎疫情之前已经大量投资在国家层面发展坚实的电子商务基础设施的中低收入国家。例如，在秘鲁，截至2020年4月，由于封锁，近50％的私人购买都在网上进行，与几个月前相比，增加了4倍（Peru Retail，2020）。在

马达加斯加塔那那利佛新冠肺炎疫情期间的蔬菜市场

巴西，Visa（2020）在6月进行的一项调查显示，为应对新冠肺炎疫情，56%的消费者已经开始尽可能在线购物。巴基斯坦最大的电子商务平台Daraz报告称，在封锁后的一个月里，必需品的在线销售增长了40%（Niazi等，2020）。值得注意的是，这种增长不仅包括企业对消费者（B2C）的销售，还包括企业对企业（B2B）的电子商务。

一方面，在全球新冠肺炎疫情暴发后，网上采购特别是必需品的采购最初有所增加。另一方面，电子商务的增长被疫情给国际和区域贸易带来的经营和经济挑战所部分抵消，例如：供应链中断，对特定物品的过度需求，以及由于不确定的经济形势造成的大量订单取消。举个例子，非洲最大的电子商务运营商Jumia，在非洲大陆暴发疫情后，由于中国的供应链中断，不得不暂时停止消费电子产品和时尚产品的交付（Kazeem，2020）。

虽然现在评估新冠肺炎疫情引起的经济衰退对全球电子商务的影响还为时过早，但很明显，这场疫情已经让人们看到了电子商务在中低收入国家的发展潜力，不仅从经济角度，而且从生计恢复和社会保护的角度。此外，人们意识到在这些背景下建立并维持具有盈利性和可持续性的电子商务系统也面临着许多挑战，例如：数字鸿沟使数百万弱势群体无法获得这些服务、客户对可能的诈骗和欺诈的恐惧、低效的供应链和具有挑战性的物流配送、差异较大且分散的市场和监管框架使得为不同国家的客户提供服务更具挑战性及其他因素等。

尽管有以上考虑，目前的全球趋势表明，在发达国家和发展中国家，新的食品配送和电子商务初创企业呈指数级增长，现有的实体零售企业也在向数字市场转型，以满足迅速上升的网购需求。新冠肺炎疫情导致传统上不熟悉电子商务和送货上门服务的消费者（如老人和农村居民）出于需要而接受这些服务，这种情况也带来了明显的相关风险，如数据隐私问题、网络安全和网络欺诈行为等。在这个意义上，从监管者的角度来看，金融消费者保护和电子商务消费者保护的问题注定是交叉的，因此应该以整体的方式来处理。

在这种广泛的情况下，数字支付服务作为电子商务和送货上门服务的核心推动力，是用户体验的基石，使人们能够在遵守封锁和保持身体距离措施的情况下在家中购买种类繁多的产品。尽管在许多发达国家和发展中国家，货到付款（Cash-on-delivery，简称COD）仍然是客户在网上购物付款的首选方式（例如在巴基斯坦以及中东和北非国家，简称MENA），但在新冠肺炎疫情之后，由于传染风险增加和对现金的依赖减少，这种支付方式出现了一定范围内的下降。世界各地的政府和私营部门都采取了临时措施，促进数字支付的使用，推动电子商务的发展以应对疫情，如降低或取消数字支付的交易成本、提高网络运行能力、改善配送和物流等方面的服务（WTO，2020；Fallouh，2020）。

总的来说，使用数字支付作为在国家层面上推广电子商务的几点优势有：

（1）由于人们不必去实体商贩处购物，也不必去自动取款机取钱，因此总体上减少了感染的风险。由于存在与送货人接触风险的担忧，世界各地的一些上门送货平台，如巴拿马的Appetito24和巴基斯坦的Cheetay，已经开始在疫情期间提供非接触式送货服务（即把货物留在买方的门口），因此数字支付是一个重要的推动因素。

（2）人们能够获得度过封锁期所需的基本必需品，如食品和卫生用品，特别是考虑到大多数实体零售商因应对措施而必然关闭，或其库存可能是空的。在这个意义上，能够通过手机支付至关重要，特别是考虑到走出家门在代理商、分行或自动取款机上提取现金通常是不现实的。在这个意义上，一个能够到达最偏远农村地区的强大电子商务网络至关重要，因为疫情可能使整个农村社区几乎没有其他选择，如原本能够为他们提供必要的商品实体店或摊位。

（3）能够转向电子商务模式的零售企业，即使在实体场所关闭的情况下也能继续销售。对于那些因封锁而被迫关闭实体店面的小企业来说，转向电子商务平台以保证一小部分的销售，可能成为避免他们在疫情期间破产的最后一根稻草。确保这种转变成为中小微企业部门（以及整个就业市场）抵御危机能力的关键性决定因素。

从零售企业的角度来看，成功地管理这一转变显然取决于一系列背景和有利因素，如已建立的信息通信技术基础设施、能够实现这一转变的监管环境（包括与疫情有关的临时政策措施）、足够的数字和金融知识水平、足够的政府支持（包括财政和技术）及其他许多因素。

尽管有以上相关考虑，由于各种限制因素，对许多中低收入国家来说，距离电子商务的广泛普及还存在一定距离，包括：信息通信技术（Information and Communications Technology，简称ICT）基础设施的薄弱或缺乏，互联网普及率和计算机/智能手机使用水平低，缺乏对电子商务和数字货币行业的适当监管，消费者信任度低、对电子商务概念的熟悉程度不高，以及电子商务初创企业的公共支持（如技术和资金）不足。即使在那些已对电子商务基础设施的有利要素进行了大量投资的发展中国家，考虑到在这些情况下出现的各种地方性不平等和差距，例如，在移动电话普及率、丰富的购买手段、数字化专业知识、道路基础设施以及许多其他方面，大量的小规模零售商、生产者和农村客户能否在疫情中轻松获得该服务并从中受益也是令人怀疑的。

　　然而，可以发现一些有趣的例子，即在一些没有建立完善电子商务基础设施的发展中国家，却通过使用移动支付技术形成了电子商务的雏形，被用来抗击疫情带来的不便。例如，在一些非洲国家，为了鼓励远程购买基本食品，当地政府已经开始汇编当地市场不同食品商贩的电话联系方式，并通过社会媒体和短信等各种渠道提供给广大民众，这使得消费者能够打电话给商贩，通过手机支付产品的方式，直接订购食品，并通过摩托车出租车或类似的交付方式将产品送到他们家（WTO，2020）。插文1中描述的联合国资本发展基金（UNCDF）和乌干达的SafeBoda之间的合作示例，显示了如何通过开发专门的移动应用程序使这一想法扩大规模并逐渐正式化。尽管与成熟的电子商务网络相比仍有很大差距，但这些"疫情引发的"解决方案显示出相当大的潜力，可以在未来进一步发展为更成熟的电子商务系统。

　　除了这些早期考虑，人们希望这种由新冠肺炎疫情引起的向数字化的强制转变最终会在中长期内促进一些中低收入国家发展更强大的电子商务市场和相关的数字支付网络，就像2003年非典（SARS）疫情后在中国发生的情况一样（插文2）。

乌干达坎帕拉的市场上，SafeBoda公司旗下司机准备送货

**插文1　联合国资本发展基金（United Nations Capital Development Fund，简称UNCDF）和乌干达SafeBoda公司正在开发电子商务，以应对新冠肺炎疫情。**

2020年4月，UNCDF和乌干达SafeBoda公司（一家拥有18 000名骑手的摩托车的士电子服务网络）合作创建了一个电子商务平台，该平台将当地小型企业与因新冠肺炎疫情而被封锁的家庭联系起来。通过SafeBoda应用程序，被封锁的客户可以从800家供应商组成的网络中购买商品（如食品和必需品），SafeBoda骑手送到他们手中并由此获得一定费用。该应用程序还具有钱包功能，客户可以用移动资金充值，使他们不必货到付款（COD），并获得非接触式交付体验。

UNCDF在该项目中提供开发该平台所需的技术和财政支持，从开发电子商务服务以应对此次疫情的角度看，该平台起到了很大的作用。预计每天将有5万名客户通过该平台获得服务。未来该平台还计划扩大现有的服务，包括供应商的食品种类，以及增加供应商和客户的网络（联合国资本发展基金，2020b）。

**插文2　非典疫情后中国电子商务和数字支付的崛起**

2003年的非典疫情是促进中国电子商务发展的关键事件，因为数百万因担心病毒感染而自我封锁的人**开始转向互联网**购买必需品和非必需品。如今一些中国电子商务行业头部平台（如淘宝网和京东），就是在那个时候成立的，并在短时间内迅速崛起。到2006年，淘宝网在中国消费者对消费者（Consumer-to-Consumer，简称C2C）电子市场的份额已经超过了eBay，导致后者完全退出了中国市场。

中国的数字支付生态系统随着电子商务的发展而发展，因为后者从货到付款的模式转变为现代的**"移动付款系统"**，在疫情发生时更安全、更方便。移动支付的增长是建立在政府和私营金融部门的有力合作之上的，并得益于在身份证明、互联网接入和交互操作的支付系统等领域的基础设施建设。

虽然这一事件与一些中低收入国家在新冠肺炎疫情的冲击下可能发生的情况有相似之处，但应该注意的是，非典疫情后中国电子商务的激增是**建立在一系列已经存在的关键有利因素的基础上**。2003年有9.6亿中国人获得了正式的身份证明、5亿张信用卡在流通、近6 700万人可以使用互联网（Xiao和Chorzempa，2020）。此外，虽然非典疫情确实对中国数字支付模式的推广产生了积极的影响，但真正推动中国数字金融生态系统的是在另一场危机之后，**即2007/2008年度的全球金融危机**，当时众多的金融科技初创企业崛起，填补了中国数字金融领域日益明显的空白。传统银行业的产品利用数字技术的进步为更多的客户提供更便宜、更快速、更容易使用的服务。

今天，中国已成为金融科技领域各方面的领先创新者，数字支付、转账、信贷、储蓄、保险、财富管理和其他一系列服务的使用已成为中国日常生活的普遍现象。超过86%的中国公民使用移动服务来支付任何种类的费用。支付宝是世界上最大的移动支付平台，其母公司是蚂蚁金服（阿里巴巴集团旗下的金融科技集团），截至2019年，支付宝的服务覆盖了12亿用户。

数字金融在中国迅速崛起，其最有争议的方面主要是对数据隐私和监控的担忧，在政府应对新冠肺炎疫情的背景下也很明显。例如，为了组织救援工作，中国各地区政府一直在追踪公民个人对退烧药品的数字购买（Shevchenko，2020）。杭州市政府与蚂蚁金服合作，于2020年3月推出了嵌入支付宝数字钱包的**强制性"健康码"**，一个月后在全国范围内采用。基于支付宝用户的行程史和其提交的其他信息，如他们的核酸检测状态以及最近是否与任何新冠肺炎确诊病例的接触，他们将被分配到红色、黄色或绿色的三个代码之一。然后，地方政府将这些信息与各部门收集的财务和交通数据进行交叉审查，如用户过去的银行卡交易和他们使用的公共交通。根据分配的代码，用户被告知他（她）是否可以自由外出和工作，或者必须自我隔离一段时间（Huang，Sun 和 Sui，2020）。

## 2.2　利用数字支付促进电子商务发展的政策建议

虽然在第1.3节中已经说明了一系列与促进数字支付以应对新冠肺炎疫情有关的一般性建议，但以下是侧重于从电子商务角度使用数字支付的具体建议。

在促进数字支付的政策中考虑普惠性差距。尽管政府可以采取各种措施在国家层面促进使用数字支付作为电子商务的推动力，但如果这些政策在设计和实施过程中没有充分考虑到普惠性问题，就存在扩大当前数字鸿沟的巨大风险。换句话说，这种风险是把最脆弱的小企业、生产者和消费者（即那些无法充分实现从实体市场到数字市场过渡的人）抛弃。发展中国家普遍存在的一些传统的普惠性差距会加剧这种无法向数字化转型的情况，例如与性别、地点

（农村—城市）、年龄（在许多发展中国家，青年的手机拥有率较低）和文化水平（包括金融和数字）等有关的差距。

　　**培养数字支付文化。** 在许多发展中国家和新兴经济体国家，仍然存在根深蒂固的货到付款文化，这对移动支付服务的吸收和接受是一个重要障碍。例如，在许多撒哈拉以南非洲国家，虽然移动支付的日益普及有助于促进电子商务，特别是小额支付，但由于文化原因（即消费者喜欢在付款前亲自检查物品）和大多数移动钱包系统的设定限额，大额支付仍以现金交易。在巴基斯坦，90%以上的电子商务购物通过货到付款进行支付且移动货币的使用水平相对较低，这是因为客户对这种方式更加信任，对原始信用交易的依赖性较高（Fitch Solutions，2020）[①]。

科特迪瓦阿比让市马科里区的一个水果商贩

　　随着新冠肺炎疫情的蔓延，在全球范围内的货到付款购买量大幅下降，这源自于客户对病毒的恐惧，以及电子商务公司和国家监管机构颁布的具体限

---

　　① 值得注意的是，是否存在开展数字支付的文化态度，通常与国家层面的其他关键促成因素密不可分，如监管框架、法治、合同可执行性和物流。从这个意义上说，在开展宣传活动和其他形式的教育之前，政策制定者鼓励转变文化态度的第一步也是最重要的一步是解决监管和基础设施中阻碍整体人口采用数字支付的最关键缺陷。

制。例如，在印度，亚马逊和Flipkart等电子商务公司在疫情暴发后暂时停止了网上购物的货到付款选项。在中东和北非地区，80%的电子商务交易量是通过货到付款支付的，沙特政府禁止电子商务公司提供这种选择（Fallouh，2020；Go-Gulf；2017）。虽然可以预见货到付款支付减少的趋势必将在疫情的持续时间内（甚至可能在疫情结束后）部分保持下去，但不能保证随着时间的推移，客户不会放松警惕，重新将货到付款作为他们网上购物的首选方案。

在寻求促进国家层面数字支付文化的发展时，可以强调两条公共行动的核心路线。一条是与政策相关的，涉及创建安全、透明的数字支付方式，而使用户不必担心欺诈或诈骗，提供适当的补救和投诉解决机制，放宽对移动钱包的余额和交易限制（如第1.2节所述），实施一系列财政激励措施，鼓励通过数字渠道进行各种大小型支付。另一条是文化方面的，包括一系列公共沟通和宣传举措（如宣传活动、公共倡导者），旨在打破公民对这些支付方式根深蒂固的不信任，特别是那些不太熟悉数字支付服务的人，包括老年人和农村居民。

促进电子商务公司和移动货币运营商之间的合作。电子商务公司和移动货币运营商之间的合作对于发展一个能以互利方式推动两个行业向前发展的生态系统至关重要。一方面，电子商务公司可以帮助移动货币运营商建立稳定的客户群，依靠其服务进行在线购物。另一方面，移动货币运营商通过启动数字化购买（而不仅是货到付款），为解决支付问题和投诉提供客户关怀，并减少销售延迟，以此协助电子商务公司的工作。移动货币运营商还可以作为电子商务公司的物流合作伙伴，协助他们在更偏远地区实现最后一英里的配送，以换取额外的收入来源（GSMA，2018a）。

虽然政策制定者可以采取不同的措施来促进这些类型的合作，但一个基本的出发点是建立一个公共-私营工作组，促进移动货币运营商、电子商务公司和监管机构之间的沟通，旨在消除数字购买的监管和物流障碍，以及鼓励最后一英里的合作和创新，覆盖最偏远和服务不足的农村客户。正如第7.2节将进一步说明的，近年来有几个国家引入了"创新办公室"，旨在促进监管者与创新者在数字金融生态系统中的接触，并帮助监管者识别这一领域的新问题。在这个意义上，这些平台可以代表一个重要的起点，即促进数字金融供应商、电子商务公司和监管机构之间的合作，以促进技术和金融创新的发展，能够惠及受新冠肺炎疫情影响的最脆弱和经济欠发达地区的人和企业。

# 第3章

## 确保通过数字渠道及时支付一线工作人员费用

鉴于新冠肺炎疫情引发的经济危机不仅会影响私营部门，还会影响公共预算，所以随着疫情的发展，发展中国家政府在确保一线人员（如医生、护士和其他医院工作人员）参与抗击疫情方面肯定会面临挑战，例如及时和定期获得报酬。这个问题对于在更偏远的农村地区工作的一线工作人员来说尤其重要。持续数周或数月的支付服务系统故障会使一线员工陷入非常困难的境地，损害他们的积极性并增加罢工的风险。

最近的经验表明，对应急人员进行数字化付款可以通过快速、有效和可持续地动员大规模劳动力，大大缓解或解决这些问题。优于现金联盟（Better Than Cash Alliance，2016）的一项案例研究描述了塞拉利昂政府如何在2014—2015年度埃博拉疫情期间制定并实施了一项"支付方案"，将该国所有14个区26 600名埃博拉一线工作人员的薪酬支付数字化，得到了联合国各组织的支持。通过这种途径，实现了一线工作人员能够直接通过移动钱包收到月薪的目标。

该支付方案取得了一系列显著成果。首先，它挽救了2 000多名埃博拉患者的生命，因为它结束了因频繁延迟、失误和现金盗窃而导致的罢工。其次，还通过消除重复支付、减少欺诈、消除实物现金运输和安全成本，降低一线工作人员的差旅和交易成本，节省了大量资金。事实上，该案例研究估计，数字化薪酬支付在安全成本和其他与转移现金相关的成本方面节省了近1 100万美元。第三，工作人员获得报酬的时间从一个月缩短到一周，98%的一线工作人员按时收到报酬。第四，数字支付模式的转变也制止了管理人员在未经授权的情况下扣减了一线工作人员高达50%的风险津贴的普遍做法，这种做法在现金支付时很常见（优于现金联盟，2016）。

从以上案例中可以学到几个重要启示。首先，应该指出的是，埃博拉一线工作人员的数字化支付之所以成为可能，是因为当地已经存在一系列有利因素，这是该国在危机前进行的一系列大量投资的结果。

● **移动电话普及率高**：塞拉利昂在埃博拉疫情暴发前，全国移动电话接入率和覆盖率达到 90%，拥有超过 5 000 家移动货币代理商的强大网络。因此，在工资数字化开始时，所有一线工作人员都已经拥有一部可用于设置数字钱包的手机。

● **成熟的数字支付基础设施：**在危机开始之前，塞拉利昂政府已经投资了必要的数字支付基础设施，一线工作人员可以利用这些基础设施直接通过他们的移动账户支付食品和其他必需品和服务的费用，无需兑现。尽管由于根深蒂固的观念，在项目实施之前和实施期间，一线工作人员仍具有强烈的兑现倾向，但在项目实施期间进行的大量消费者教育使他们更加意识到保持交易完全数字化的好处。

除了实现这一过程所必需的基本要素之外，分析这一数字化干预设计的特征也是非常重要的，这是其成功不可或缺的组成部分，以期为其他中低收入国家在应对新冠肺炎疫情时复制这一经验提供有用的建议：

● **快速跟踪客户需求，并考虑生物识别技术来克服 ID 访问中的空白。**该支付计划与当地移动货币运营商合作，放宽对客户的要求，以便他们能够快速注册并开始接受数字薪酬。这包括商定客户检查下限，以及为移动货币运营商提供执行所需的支持。能够放宽这些要求并设置移动钱包的一个基本要素是采用生物识别技术来识别每个一线工作人员，特别是面部识别。选择使用这种技术是因为在塞拉利昂，以传统方式识别一线工作人员面部存

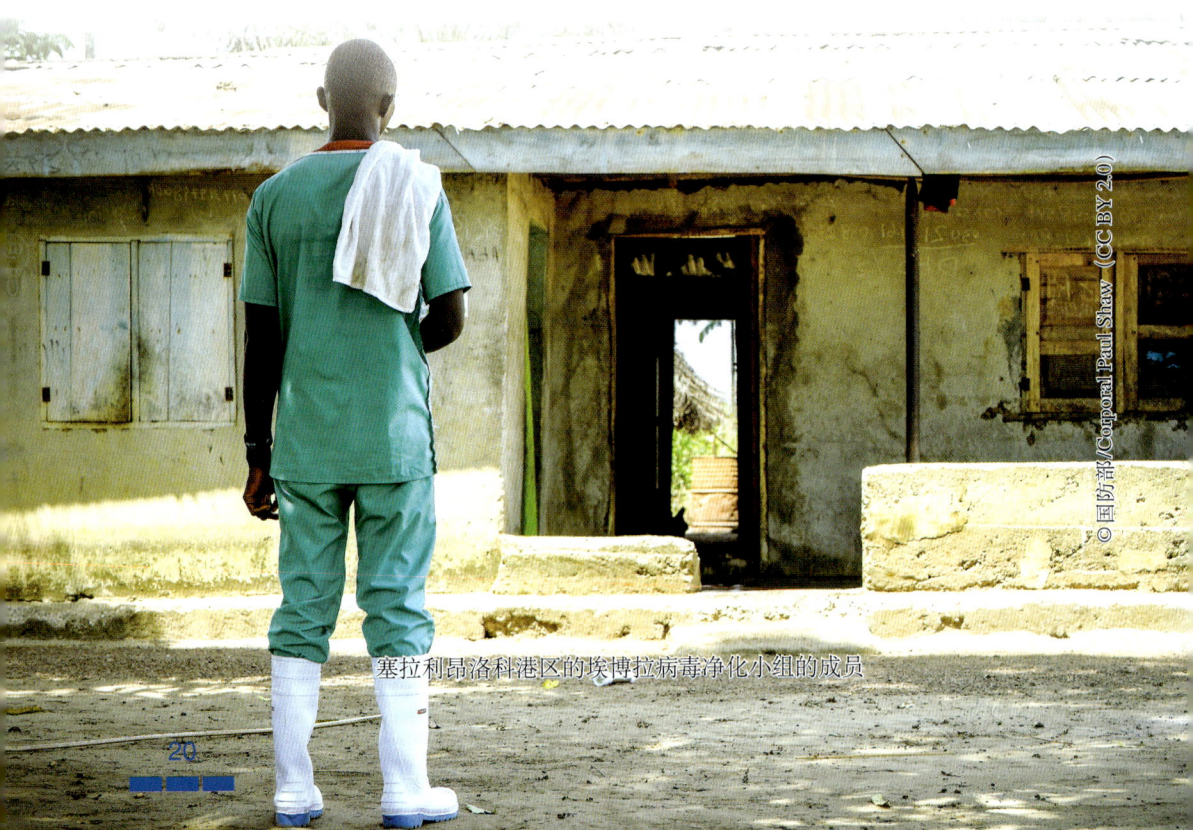

塞拉利昂洛科港区的埃博拉病毒净化小组的成员

在困难，因为他们中的大多数人缺乏可用于账户注册基础的任何类型的ID形式。事实上，塞拉利昂国家身份识别系统只覆盖了15%的公民，而90%以上的人口都使用相同的10个姓氏，这使得身份识别过程变得很复杂。选择使用面部识别技术而不是指纹扫描，这是最常见和易于实施的替代方案，因为物理接触界面可能会带来埃博拉病毒传播的风险。

● **促进一线工作人员的消费者教育和保护**。缺乏消费者教育会使任何将支付数字化的举措变得相当短命，因为项目接受者往往无法意识到将现金数字化以及使用自己的移动账户获取不同金融服务的好处[①]。在支付计划开始时，一线工作人员往往在手机上收到付款后立即兑现，然后继续进行现金交易。其结果是，丧失了避免现金交易的优势，降低了一线工作人员通过移动钱包进行数字储蓄或使用其他金融服务的可能性。在支付计划中引入消费者教育课程的几个月后，最初20%的一线工作人员开始在他们的移动钱包中存储余额，而不是立即兑现。

在消费者保护方面，本书已经表明，支付数字化也有其自身的风险。欺诈、诈骗、缺乏合同透明度，以及客户追索权选择不当，都可能会严重影响该项举措的成功。这就是为什么我们必须保证：①是否有适当的投诉补救机制来处理回应人员索赔；②为支持移动支付的移动货币运营商提供足够的公众监督，以确保它们的行为正确；③向所有客户提供充分的沟通，清楚地告知他们如果出现问题会发生什么以及相应纠正渠道。

例如，在塞拉利昂数字化进程的初期，没有为一线工作人员提供申诉补救机制，所以他们面临着新的移动支付系统的各种问题，比如对一线工作人员的欠款积压，或者由于输入错误的电话号码或银行账户而导致的交易失败。2015年2月，国家埃博拉应对中心（NERC）建立了一个全面的投诉补救机制（即一线工作人员帮助平台），通过该机制可以在一天之内解决与付款相关的问题。在推出后的前两个月，服务台帮助解决了4 000多个支付问题——接近100%的解决率——大大提高了系统的效率（优于现金联盟，2016）。

● **启动数字化初步流程以实现移动支付**。实现一线工作人员移动支付所需数字化初步流程，例如工作人员身份识别、注册和收款人名单管理，是一项以克服该流程主要挑战带来严重影响的基本步骤，例如双重付款、虚假收款人、欺诈、流程重复以及延迟向收款人付款。这就是为什么在此类举措的初始阶段，政府和支持机构应首先关注数字化，在此基础上构建一个高

---

① 请注意，情况并非总是如此，特别是在数字金融生态系统还相当不发达的情况下，消费者可能会明白交易完全数字化的优势，但由于生态系统的固有局限性，他们仍主要倾向于使用套现套出交易。在这种情况下，政策制定者不仅要提高消费者意识，还应专注于解决那些阻碍数字金融交易更高水平使用的特定基础设施和监管障碍。

效透明的移动支付系统（优于现金联盟，2016）。

- **管理流动性问题**。鉴于埃博拉一线工作人员网络遍布塞拉利昂的14个地区，主要分布在农村地区，有必要积极管理代理商、自动取款机和接入点之间的流动性，以确保工作人员可以在需要时轻松兑现工资。由于当时整个塞拉利昂只有不到50台自动取款机（ATM）和50台销售点终端（POS），且大多位于城市地区，这使情况变得更加复杂。通过部署隶属于塞拉利昂中央银行的13家社区银行的代理网络，解决了这个问题，这些金融机构的明确任务是向无法访问商业银行系统的当地社区提供金融服务。该代理网络能够缓解农村地区银行基础设施的薄弱环节，从而使一线工作人员能够轻松兑现他们的工资。

对于在新冠肺炎疫情期间寻求复制塞拉利昂经验的中低收入国家来说，这是一个重要的经验。无法确保有一个全面且易于访问的代理网络可供他们兑现使用，可能是一线工作人员的数字化付款计划失败的一个主要因素。有趣的是，由于国家银行分支机构（尤其是农村地区）的流动性低，加上代理网络薄弱，是2014/15年度同一埃博拉疫情期间阻碍塞拉利昂经验在利比里亚和几内亚复制的主要因素之一（优于现金联盟，2016）。

- **实施明确的移动支付指南**。在数字化进程的初期，塞拉利昂还没有正式建立监管框架来监管负责向一线工作人员提供数字支付的移动货币运营商活动。央行最初试图通过银行驱动模式来推进这一过程，这意味着电信公司只能与特许商业银行合作提供移动支付服务，要进入这一市场必须面临巨大的行政和运营障碍。然而，现实情况是移动网络运营商为数字支付活动的唯一真正驱动者，因为与当地银行建立合作关系是一个繁琐且尚未经过考验的过程。因此，鉴于埃博拉疫情带来的立即行动的必要性，塞拉利昂银行在2015年11月推出了一项新的移动支付规定，允许移动网络运营商注册新的移动钱包，并独立提供移动支付服务。这成为一线工作人员向移动支付平稳过渡的关键因素，有三家移动货币运营商签约并参与了该系统。

- **促进公私合作作为关键推动因素。** 塞拉利昂向一线工作人员支付薪酬的数字化过程是国家埃博拉病毒应对委员会（NERC）与超过18个公共、非营利和私人组织协调努力的结果，这些组织为该计划的成功提供了技术和财政捐助。例如，为实现该倡议，联合国开发计划署、资发基金和优于现金联盟向NERC提供了技术援助和执行支持。若干非政府组织（NGO）与NERC协调，为一线工作人员支付报酬，同时建立了一个通用的信息管理系统以避免超额多付。NERC与三个不同的移动货币运营商签订了合同，将这些支付业务转移到移动账户。

　考虑到一线工作人员数字化支付的复杂性，在操作过程的设计和实施阶段，尤其是那些在最偏远地区工作的人员，需要不同角度的技术专长和足量资金来克服在这一过程的设计和实施阶段必然出现的各种瓶颈问题。从这个意义上说，挖掘不同利益相关主体（包括公共和私营部门）的配套性专业知识和提供相关贡献的能力，应被视为在新冠肺炎疫情期间成功复制塞拉利昂经验的关键因素。

马达加斯加新冠肺炎检测中心

©世界银行/Henitsoa Rafalia（CC BY-NC-ND 2.0）

# 第4章

## 新冠肺炎疫情背景下向完全数字化汇款过渡

### 4.1　新冠肺炎疫情对汇款的影响

在全球层面，鉴于新冠肺炎疫情广泛暴发造成的经济损失，预计对汇款流动产生的影响在当前和未来一段时间将是灾难性的，这势必影响数百万弱势外出打工人员的处境，特别是那些非正式或季节性工作的人。考虑到2019年全球流向低收入和脆弱国家的汇款达到创纪录的5 540亿美元（图4-1），高于外国直接投资、股权和海外发展援助的流入，不难看出，这种预期衰退会对强烈依赖外部支持的经济和社会带来一定的严重后果（Ratha等，2020）①。

疫情暴发后不久，汇款市场上唯一在转账量和频率上出现短期上升的主体是数字货币转账平台：服务提供商允许工人通过纯数字渠道进行跨境转账，而无需依靠实体代理人兑现。这很可能是由于：①外出务工人员寄回更多的钱以支持被迫封锁的家人；②同样由于封锁，工人无法去实体汇款代理②机构进行转账。相关例子比如，World Remit（国际汇款）是一种与发展中国家的主要移动货币平台（如 M-Pesa 和 Bkash）相关联的服务，它能够进行移动平台向移动平台间的国际汇款。新冠肺炎疫情后其交易额出现了两位数的增长。另一项拥有超过100万客户的类似服务 Remitly 报告称，2020年2—3月期间交易量增长了40%，3—4月客户增加了100%（Balch，2020）。

尽管数字汇款平台可以在新冠肺炎疫情期间发挥重要作用，但事实是，

---

① 世界上有24个国家的汇款占其国内生产总值（GDP）之比超过10%。在其中8个国家（亚美尼亚、海地、吉尔吉斯斯坦、莱索托、利比里亚、尼泊尔、塔吉克斯坦和汤加），这一比例超过20%（国际农业发展基金，2015）。

② 值得注意的是，在全球范围内，汇款流仍然严重依赖实体代理的现金对现金交易，这是由于几个因素，包括：与实现跨境移动资金转移有关的监管挑战，在没有代理帮助的情况下浏览客户要求的复杂性，以及整体的便利和可靠性。例如，在大不列颠及北爱尔兰联合王国的非洲侨民汇回本国的汇款中，90%以上是通过实物中介实现的（非洲发展金融组织，2018）。

美元（10亿）

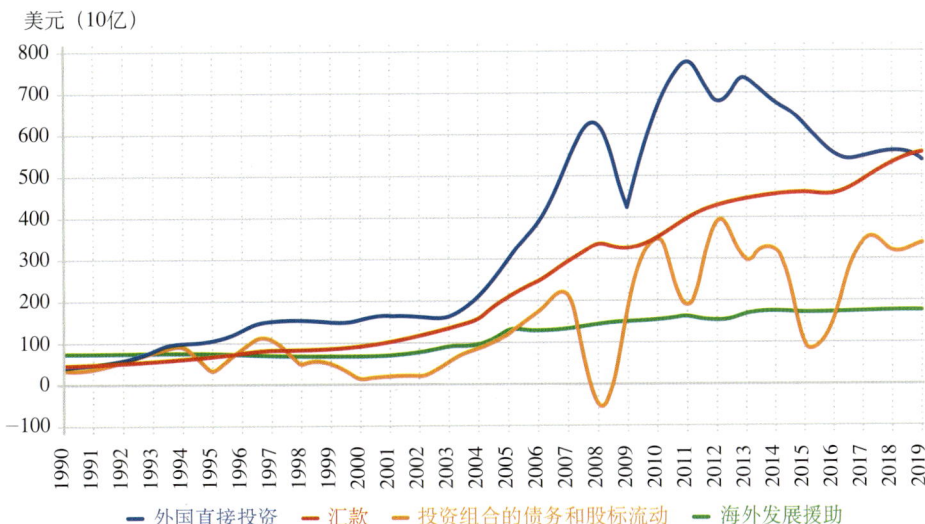

图4-1　1990—2019年低收入和中等收入国家的资金流入情况

资料来源：Ratha等，2019。

与"传统"汇款转账相比，这些服务所启用的汇款流量仍然相对较小[1]（例如，依靠代理人的外来务工人员现付特定金额用于跨境汇款）。

然而，在新冠肺炎疫情中，由于广泛的流动性限制、企业关闭、代理网络减少以及通过代理套现带来的感染风险增加，这类交易既不可行也不可取。

事实上，从中长期来看，由于经济危机和预期的全球衰退使就业和雇佣面临相当大的风险，预计疫情造成的广泛封锁和全面经济瘫痪将严重影响世界各地外出打工人员产生的汇款流量。从某种角度来看，截至2020年6月，全球75%的外出打工人员在全世界3/4已登记具有新冠肺炎病例的国家内工作（联合国资本发展基金，2020a）。根据世界银行的数据，2020年全球流向中低收入国家的汇款预计将减少约1 100亿美元（比上年减少20%），其中欧洲和撒哈拉以南地区的非洲预计降幅最大（Ratha等，2020）。

对于发展中国家和新兴经济体来说，这无疑是一场灾难，因为这些国家的经济严重依赖海外侨民的汇款，汇款是成千上万脆弱家庭的生命线[2]。例如，

---

①　2019年，全球数字汇款交易额为793亿美元，占汇款市场总额的30%，用户总数超过700万。根据 KBV Research（2020）的新冠肺炎疫情调整分析，预计这一市场份额在2020—2026年将以17.9%的年复合增长率增长。

②　关于汇款是否也是移民原籍国的重要生命线的争论还在继续，因为它们在每国经济衰退期间（由自然灾害、政治冲突、金融危机和其他冲击造成）往往会增加，从而为消费提供更好的缓冲，抵御短期收入波动。然而，移民原籍国的汇款流是否真正为反周期仍然存在争议。请参阅De等（2016）、Ratha等（2015）、Constantinecu 和 Schiff（2014）、Frankel（2011），以更深入地了现有证据。

在汇款占国内生产总值（GDP）26%的尼泊尔，据世界银行估计，该国在2020年流入的汇款流入量将减少14%，损失约12亿美元。在孟加拉国，世界银行预计从2019年起该国汇款流入量将减少25%，造成40亿美元的损失。由于疫情对全球经济的影响仍在持续，要准确评估其对国际汇款流动的影响还为时过早（芬兰外交部，2020）。

从普惠金融的角度来看，应该指出的是，汇款流入量的减少也会对人们从正规金融机构获得信贷的能力产生严重影响。依赖汇款的国家银行将汇款流入作为一种廉价的存款资金来源。受疫情影响，中低收入国家商业银行（以及其他实体金融机构）的运营成本极有可能增加，而它们向个体经营者和中小企业提供信贷的能力将大幅下降，从而使经济活动受到限制、对产品和服务的需求大幅下降的可怕局面进一步恶化（Sayeh和Chami，2020）。

参与汇款市场的私营金融机构在多大程度上已经受到危机的影响？根据UNCDF（2020a）对活跃于汇款行业的各种金融机构的高级代表进行的一项调查，69%的提供商（主要是货币交易所和汇款网络供应商）表示，因封锁、收入减少以及工人被遣返回国等原因，他们受到了汇款减少的影响。近一半的受访者表示，如果疫情持续到2020年后，他们将在财务上陷入困境，这可能导致一些竞争对手退出市场，并最终抵消全球最近为降低汇款交易成本做出的努力。最后，当被问及他们计划采取什么措施应对这场危机时，超过三分之二的受访金融机构表示，他们计划加强数字渠道。例如，通过开发一个专门的应用程序或寻求与数字解决方案提供商的合作伙伴关系（UNCDF，2020b）。

因此，在疫情的冲击下，供应商明显地推动了汇款转账的进一步数字化，并得到了政策制定者和监管机构的大力支持。然而，由于许多中低收入国家的汇款市场对数字转型缺乏准备，加上本书中已经说明的数字专业能力水平低、信息通信技术基础设施薄弱和监管框架不具备能力等问题，让这一转变具有挑战性。在这一设想框架内，有必要分析一下私营金融机构和决策者为数字化和调整汇款接收过程而制定的各种战略，以应对这场疫情：

尼泊尔：疫情暴发后，商业银行已着手将汇款接收流程数字化，使客户足不出户即可收到汇款。该过程涉及通过手机或计算机由汇款人发送代码和扫描的身份证件，向银行证明自己收款人的身份。这笔钱可以通过"ConnectIPS"的任何银行账户接收，这是尼泊尔清算所开发的单一支付平台，大多数商业银行都是ConnectIPS成员（Shreshta，2020）。

孟加拉国：疫情暴发后，孟加拉国政府拨款306亿泰铢（3.61亿美元），向所有通过正规渠道（包括数字渠道）给孟加拉国汇款的外出务工人员提供2%的现金奖励，以增加该国的汇款流入。一些银行开始为汇款提供额外1%的奖励，受益人通过数字方式接收资金，进一步增加了此类渠道对汇款方的吸引

越南胡志明市一家国际汇款公司的分支机构

力。中央银行还将最高汇款金额上限提高了两倍，为汇款者提供小额现金返还（最高50万塔卡或5 000美元）（Aneja和Islam，2020）。2020年4月通过数字渠道（如移动电话、网络）流入该国的汇款比年初增长了150%（亚洲开发银行，2020）。

尽管具有这些积极的例子，但应该指出的是，向全数字汇款转移链过渡极具挑战性，在这种转移链中，外出打工人员将工资直接汇入数字账户，然后通过数字跨境转账将其中一部分钱汇给他们的家人，他们也会通过数字账户收到钱。为了实现这一数字化进程，需要在派遣国和接收国的决策者、移动货币运营商、金融机构和其他利益相关者之间进行大量、长期的合作。需要通过财政激励、放松监管、宣传活动和教育，鼓励汇款用户及其家人放弃基于代理的汇款。理想情况下，除了汇款转移本身，还需要激励其他用户的数字化，以避免在转移链的各个阶段兑现或传输，例如鼓励雇主以数字方式支付农民工或允许家庭通过这些渠道支付水电费（Gravesteijn、Aneja和Cao，2020）。

考虑到这些前提情况，应该指出的是，新冠肺炎疫情的长期影响不一定对全球汇款流量只有负面影响。如果利用得当，通过政策制定者和私营金融利益相关者之间的合作，这一活动有可能通过立即采取行动和在基础设施监管方面的长期投资，成为加速全球汇款转移链数字化的催化剂。下一节提供了一系列旨在支持这一过程的一般性建议。

27

## 4.2 新冠肺炎疫情背景下促进数字汇款的建议

**简化和调整监管要求**：政策制定者应确保监管汇款服务的国家框架是稳固、透明和非歧视性的，能够激励跨境交易数字渠道的转变和扩大。正如 Okai（2020）指出的，在新冠肺炎疫情期间，有效的汇款监管框架应在数字化长期过程中实现创新与风险之间的平衡。

数字汇款扩张的关键瓶颈之一就是对数字金融服务提供商的客户监管是否得当，这对移动钱包或在线银行账户的注册和所有权构成了障碍。例如，大多数中低收入国家的监管框架需要面对面的客户验证才能开通手机钱包或网上银行账户，让客户提供物理身份信息和签名，这在疫情期间是一个很大的限制因素。另一个问题在于低收入和农村客户普遍缺乏常规类型的正式身份证件（例如身份证、护照）。因此，监管机构和金融机构迫切需要合作简化这些要求。监管机构尤其应专注于实施量身定制的，且基于风险的数字客户指南和法规，以确保正式的金融机构、移动货币运营商和其他提供商遵守相同的规则和要求，以下来自不同中低收入国家的一些示例，提供了部分可采纳的措施以作为定制客户监管法规的参考：

- 在加纳、巴基斯坦和斯里兰卡，监管机构裁定，在SIM卡注册（注册电话号码）过程中进行的客户控制也可用于开设移动货币账户，这有助于移动货币运营商进行尽职调查。
- 采用分级客户监管是一种监管选择，在疫情期间，在较低级别移动货币账户的情况下，以更宽松的要求进行远程注册，实现风险与机会之间的平衡。例如，在坦桑尼亚，通过提供其他形式的身份证明（如监护人或村主任的信），可以远程开立一个低级别移动货币账户[①]（Glenbrook Partners，2020）。
- 延迟身份验证也是一种监管选项，用于临时提供有限的移动货币账户。向在注册时没有正式身份登记的人给予一个时间窗口来获取和发送所需的身份证明，这将允许他们建立一个"完整"账户。在用户提供所需的ID之前，可以限制这些临时账户的最大余额或交易（Glenbrook Partners，2020）。
- 允许客户通过提供他们的数字签名来开设低级别交易账户，用以发送或接收转账，这些措施有可能增加易用性和合规性成本。

---

① 例如，在印度，移动货币账户的最低客户级别允许用户在12个月内提供某种正式身份证明以完成尽职调查过程。如果在12个月内没有上传此类文件，或者如果提供的身份证明被金融机构拒绝，该账户将被冻结，用户将只被允许提取或转移其中的资金。在墨西哥，一级账户不需要创建任何身份证明，而二级账户允许18个月的时间来提供身份证明，在此期间，所有账户相关的门槛（如最大余额、最大转账金额）将降低50%（Glenbrook Partners，2020）。

在那些已经投资了全面数字识别系统的中低收入国家（如印度），将国家ID数据库和数字支付系统连接起来，可以极大地帮助简化供应商的注册客户控制，并促进远程注册（Gravesteijn，Mensah和Aneja，2020）。

鼓励客户放弃CICO交易：要克服外出打工人员对代理协助的CICO交易的偏好（或必要性），需要决策者和汇款服务提供商从多个角度进行干预。在这方面，可以建议引入或部分引入以下几种措施：

● 实现数字金融账户之间的互操作性，无论是网上银行账户还是移动钱包。这是一个基本步骤，因为它在一定程度上减轻了对CICO交易的需求，并为开发和提供以移民为中心的金融产品奠定了基础。

● 暂时免除跨平台交易的费用，例如从移动钱包到网上银行账户，或从网上银行账户到移动钱包，允许接收者将收到的汇款直接转移到他们偏好的储蓄媒介，而不增加额外的成本。正如第7.2节中关于建议的进一步说明，鉴于交易费用是许多数字金融服务提供商尤其是那些不提供中间信贷或存款的提供商的重要生命线，政策制定者应考虑实施恰当的让步，比如补贴和免税，以补偿其损失同时确保避免长期市场扭曲。

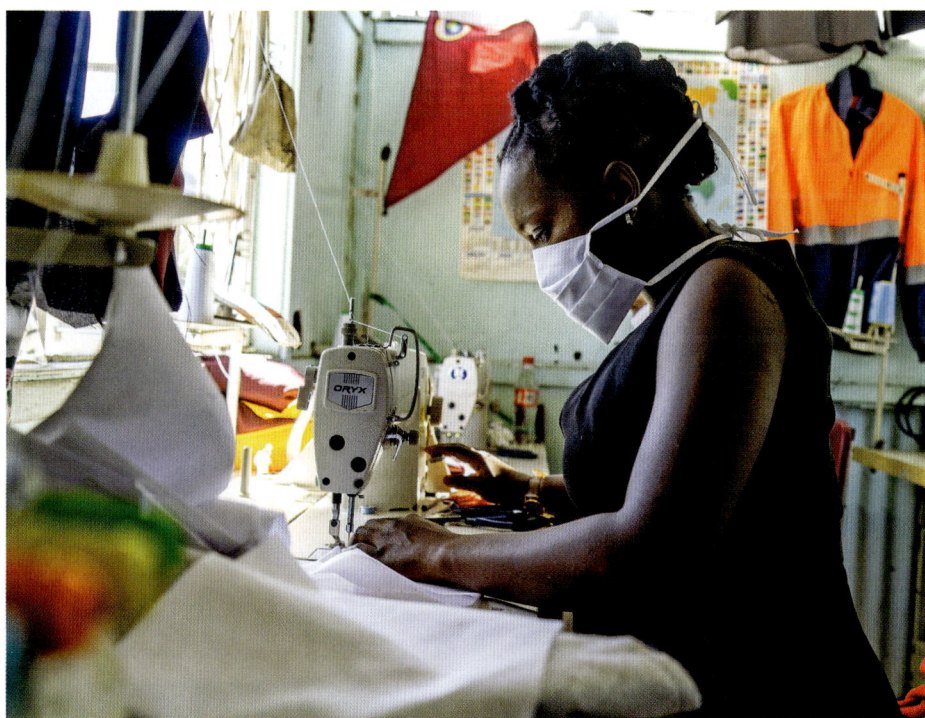

© 国际劳工组织/KB Mofu（CC BY-NC-ND 2.0）

一名妇女正在津巴布韦哈拉雷的一家口罩和服装制造厂工作

- **提供与跨境转账业务相辅相成的增值服务**。例如，通过将汇款与储蓄、信贷、保险、水电费的数字支付以及许多其他数字金融服务联系起来实现。

　　**培养用户的数字素养和数字意识**：发送方和接收方使用数字汇款服务的主要限制之一是缺乏对此类服务的认识和了解。例如，除了诸如宣传活动和有针对性的培训等传统的干预措施外，汇款提供商可采取促进汇款平台的易用性和为新用户提供分步远程支持等举措，以增加数字汇款服务在外出务工人员和他们家人中的接受程度。总体而言，过去的经验表明，这类能力建设干预措施在汇款提供者、政策制定者、发展机构或捐助者之间的公私合作中实施时最为有效。

　　**为汇款提供者实施公共支援一揽子计划**：考虑到汇款服务提供商在促进大规模跨境汇款方面发挥的关键作用，确保汇款服务提供者具备适当应对新冠肺炎疫情的条件应被视为决策者的当务之急，尤其是那些主要依靠实体代理网络来经营业务的供应商，他们没有资源来投资全面的数字化转型过程。可以考虑采取一系列广泛措施作为这些支持计划的一部分，包括：

- 优惠信贷额度，既可以在短期内充分渡过疫情，也可以在长期内促进后台和前台数字化进程[①]；
- 运营费用的临时税收减免和豁免；
- 向汇款服务提供商提供技术援助，旨在支持制度和产品数字化流程；
- 提高监管机构取款和交易的设定限额，有助于吸引客户进行更多转账（Gravesteijn，Mensah 和 Aneja，2020）。

---

　　① 后台指的是支持和促成公司运作的各种活动的组合，这些活动并不意味着与客户或最终用户的直接接触。这些活动包括：数据库管理、内部档案管理、预算编制、人力资源以及内部技术支持。前台是指公司开展的所有与客户互动的活动和任务，如产品供应、客户关怀和营销等。

# 第5章

## 通过数字化G2P转账构建社会安全网

## 5.1 各国政府对新冠肺炎疫情的反应概述

在新冠肺炎疫情暴发之前，部分发展中国家和新兴经济体就已经启动并加快了政府对公民（G2P）的数字化转账进程。这些措施包括在缴款型和非缴款型社会保障制度（例如养老金、失业救济金、社会援助），以及通过电子银行、智能IC卡，尤其是移动网络等数字渠道提供范围广泛的社会转移支付。这些国家规模的数字化倡议往往是在国际发展机构的支持下进行的，已被证明在提高G2P支付的外展服务、成本效率、透明度和及时性方面取得了重要成果。实际上，近年来，用于提供社会转移支付的数字解决方案正在慢慢取代传统的、人工的现金支付方法。根据世界银行全球普惠金融指数统计，2017年，低收入国家中39％的G2P接受者通过数字渠道获得了付款（Baur-Yazbeck，Chen和Roest，2019；Amundsen，2020）。

随着新冠肺炎疫情的出现，通过数字渠道引导G2P支付的能力已被证明是部署有效响应策略的一个关键优势。尤其是，在受疫情影响、采取封锁措施等使得生产生活变得更加复杂的情况下，迫切需要完善和加强现有的社会保障体系建设，以迅速和透明的方式应对疫情带来的影响，并保证为生计受到此次疫情严重威胁的全部人口建立有效的社会安全网。

这就是为什么发展中国家和新兴经济体国家（如摩洛哥、巴基斯坦、秘鲁、菲律宾、多哥）在应对危机中以前所未有的规模[1]为弱势家庭和企业实施直接现金转移支付，其目标是支持经济复苏、重建生计，并为应对未来的逆境做好准备。这些现金转移支付是通过扩大现有的社会保护方案（横向通过扩大覆盖范围，纵向通过增加提供的数额），以及通过在传统社会保障制度之外发

---

[1]　根据Gentilini等（2020a）的报告，截至2020年7月，现金转移支付方案占各国政府作为全球应对疫情战略的一部分，实施的安全网措施总数的一半。通过139个国家的298个方案提供了现金转移支付，如果将社会养恤金计算在内，将上升到153个国家的323个方案。

起的临时项目实施的。大多数临时项目寻求无条件的现金转移支付，努力以快速和全面的方式将资金交到弱势群体手中。

从下面的例子可以看出，新冠肺炎疫情暴发前，在移动支付生态系统中投入巨资的国家能够依托现有建立的社会保障计划[①]数据库基础上，识别并惠及最弱势群体，并快速为数百万人部署巨额支出（Rutkowski等，2020）。诸如统一的数字支付系统和社会备案、国家数字识别数据库（最好是使用生物特征数据）、影响深远的CICO分配网络以及移动货币运营商之间的互操作性等有利因素，都是移动支付生态系统的重要组成部分，在新冠肺炎疫情暴发初期协助一些低收入国家和中等收入国家快速有效地提供社会现金转移支付。

除了通过数字手段引导临时现金转移支付外，从某种程度上来说，数字化能力和现有社会保障转移支付（如养老金和失业津贴）的巨大网络，已被证明是新冠肺炎疫情封禁期间的改变游戏规则的因素。传染的风险和对流动性的极端干扰使大多数人在实体代理或分支机构兑现其福利的难度大大增加。当然，数字化G2P转移支付对发送者（即政府）和接受者都是有好处的，如提高支付效率、安全性和透明度，大量节省成本[②]，并增加弱势群体对个人和家庭财务的掌控力（例如，在丈夫控制范围之外直接接受社会转移支付的妇女）。

鉴于这些前提，可以举出全球各地为应对危机而机动部署G2P转移支付方案的几个案例：

● 孟加拉国：孟加拉国政府在灾害管理和救济部的监督下，于2020年4月与该国四家最大的移动货币运营商（bKash、Nagad、Rocket和SureCash）合作，为受新冠肺炎疫情影响的500万个家庭实施了移动现金援助计划。目标是为每个家庭转移支付2 500孟加拉塔卡（29美元），总额为125亿塔卡（1.47亿美元）。这些转移支付绝大多数通过移动货币运营商的代理网络进行支付，政府负责所有相关费用。有趣的是，该国最大的移动货币运营商bKash报告称，截至2020年7月，新移动账户注册量猛烈增加了700万个，这归因于两个主要方面：①为接收政府G2P转移支付开设的新账户；②为接收国外数字汇款开设的新账户[光堡股份（LightCastle Partners），2020；

---

① 请注意，虽然本节主要侧重于各国政府在向弱势群体提供移动式社会安全网方面的应对措施，但同样的考虑和风险也适用于开展此类大规模现金转移支付方案的国际发展机构，如世界粮食计划署、联合国难民事务高级专员和红十字会。

② 近年来进行了大量研究，以估计G2P数字化转移支付可能带来的成本节约程度。例如，Babatz（2013）的一项研究估计，墨西哥政府向数字支付的转变使工资、养老金和社会福利支出每年减少3.3%，即近13亿美元。Aker等（2011）对尼日尔的一项社会转移支付计划进行了随机评估，结果表明，移动式转移支付的可变分配成本比手动现金转移支付低30%。

美国天宝轮船公司（TBS），2020]。

- 巴西：2020年3月，巴西国会批准了一项现金转移支付计划，至少在8月前向受新冠肺炎疫情影响的非正式、自主和季节性工人每月转移支付600巴西雷亚尔（107美元）。有资格获得转移支付的工人，其家庭总收入必须低于最低工资的1/3，并且除了Bolsa Familia[①]之外，申请者不能是任何其他社会援助方案的受益人。注册可通过在线平台或专用移动应用程序（Caixa Tem）进行，而每笔分期付款可发送至现有银行账户或与专门为此计划创建的Caixa Tem应用程序链接的移动账户。根据政府估计，该计划将覆盖3 050万公民（占总人口的14%），总费用为110亿美元。然而，由于执行不力和官僚迟滞，截至2020年8月，申请援助的6 350万工人中只有一半获得了援助资金。此外，互联网接入薄弱或缺失，加上更多贫困有关因素，导致数百万工人根本无法申请[Moreira，2020；CGAP，2020a；全球化与组织化（WIEGO），2020]。

- 智利：2020年4月以来，智利政府为弱势家庭提供了"Bono-COVID-19"计划，其申请可以完全在线进行。该计划为每户家庭一次性转账50 000

---

① Bolsa Família是巴西政府自2003年以来实施的一项有条件的现金转移支付方案，重点是卫生和教育。它为月人均收入低于154巴西雷亚尔（28美元）的弱势家庭提供一系列福利。

巴基斯坦普及转移支付现场

©世界银行

33

智利比索（合60美元），直接汇入200多万智利弱势群体的银行账户。为了支付这些款项，政府利用智利唯一的公共银行（智利国家银行）与身份托管相关的银行账户（CuentaRUT）网络。那些已经纳入国家社会保护计划的家庭可以从代金券中受益，如 Subsidio Unico Familiar（一次性家庭津贴）和 Sistema Seguridades y Oportindades（安全和机会系统）。

- **哥伦比亚**：哥伦比亚政府为受到新冠肺炎疫情影响的（正式和非正式）工人家庭制定了数字现金转移支付计划，称为 Ingreo Solidario（团结收入）。家庭获得该计划的唯一先决条件是未成为其他任何国家社会援助计划的受益人。Ingreo Solidario 包括每月转账16万哥伦比亚比索（42美元），其第一轮始于2020年4月，至少持续到2020年12月。该数字现金转移支付计划的应用程序完全线上进行，只需要一个国家身份证号码。收到这笔转移支付不需要与任何代理人面对面交流：那些已经被纳入正式金融体系的家庭将看到这笔钱直接存入他们的银行账户[①]。对于那些没有账户的人，政府已与主要的国家移动货币运营商合作，将资金存入与受益人电话号码相关的移动钱包，该钱包专门用于接收转账。截至2020年6月，已有250多万家庭从该计划中受益[期待者（El Expectador），2020]。

- **摩洛哥**：摩洛哥政府于2020年4月制定了数字现金转移支付计划，以支持受封锁影响的非正规部门工人。该方案为工人家庭每月支付800～1 200加元（80～120美元），具体取决于抚养子女的数量。这些资金来自32亿美元的新冠肺炎疫情管理和特别对策基金，该基金明确用于减轻疫情的影响。虽然申请过程可以完全在线操作，但现金收据不会数字化；那些被批准接受转移支付的人会收到一条短信，将他们重新分配到最近的银行或货币转移支付机构提取津贴。在起草这项研究时，该计划已经覆盖了430多万户家庭，总额为4.27亿美元（Hatim，2020）。

- **秘鲁**：2020年3月，秘鲁政府启动了"Bono Independente"计划，受新冠肺炎疫情影响的弱势非正规和自雇工人，在他们尚未从政府管理的其他公共社会援助方案中受益的前提下，可以申请一笔760秘鲁新索尔（212美元）的直接现金转账。该计划依托于在线管理登记平台，要求申请人上传国民身份证扫描件，以检查他或她是否在其他项目中受益。如果工人已经在国有银行 Banco de la Nación 拥有一个银行账户，则可以直接在那里收到转账。否则，工人需要通过手机以数字方式接收代金券，然后通过银行的ATM和代理网络兑现代金券。截至2020年8月，政府数据显示，70万非

---

① 这是通过与金融部门监管机构交换信息实现的，金融部门监管机构在已受监管金融机构拥有账户的目标接收人之间共享的身份信息。

正式聘用工人已经从代金券中受益，约占该国所有非正式聘用工人的10%（CGAP，2020a）。

- 多哥：2020年4月，多哥政府启动了一项178亿美元的流动现金转移支付计划（"Novissi"计划），为全国各地因疫情而失去日常收入来源的非正规工人提供基本月收入。受益人必须年满18岁，并且能够出示选民身份证进行申请。根据该计划，妇女有权每月用手机钱包领取12 500西非法郎（21美元）、男子领取10 500西非法郎（18美元）的转移支付，约占全国最低工资的30%。该国较大的两家移动货币运行商——TMoney和Flooz负责该项支付业务。截至2020年6月，130万人通过专用移动应用程序注册了该计划（占总人口的16%），58.1万人收到了转账。据估计，该方案已使该国耗资约110亿西非法郎（1 950万美元）（Novissi，2020）。

由于长期封锁导致工作缺失，工人们离开马达加斯加的塔那那利佛而返乡

考虑到这一特定群体在这场危机中表现出的脆弱性和多样性，为减轻新冠肺炎疫情对非正规工人及其家庭①的影响而制定现金转移支付方案的国家数量众多。国际劳工组织（ILO）2020年的一份简报估计，全球有16亿非正规工人的家庭受到新冠肺炎疫情影响，这些人由于为抗击疫情而采取的全部或部分封锁措施而失去创收能力，在支持和救济措施方面几乎没有或没有其他选择来渡过这场疫情（ILO，2020a）。全球人口的这一广泛部分包括从事不同经济部门（如制造业、住宿业、餐饮业、批发和零售业）的非正规工人，其中还包括3亿多自给自足的农民。根据ILO估计，在低收入国家，这种情况造成的劳动力收入损失预计将使非正规工人及其家庭的相对贫困增加56个百分点。

另一个需要注意的重要问题是，除了对疫情的短期应对外，政府还可以将移动支付的G2P计划作为把弱势群体纳入数字金融普惠的长期工具。巴基斯坦政府于2020年5月启动的"Ehsaas紧急现金（EEC）计划"就是一个例子，该计划被设想为向受疫情影响的家庭提供短期经济救济的渠道，以及为该计划的受益者建立移动货币账户的渠道（插文3）。

尽管上述案例取得不错进展，但必须强调的是，大多数发展中国家仍然缺乏一个合适的能够支撑政府大规模转移支付的数字金融生态系统。原因具有多样性、交互性特征，具体来看包括：薄弱的移动支付基础设施和代理网络（尤其是在农村地区）、数字和金融知识水平低、监管环境薄弱以及缺乏数字识别系统等。鉴于建立大规模数字现金转移支付的必要支持要素需要大量的前期投资，在这种情况下，真正实现G2P数字化不太可能在短期内或在这场特定的疫情期间完成。然而，正如Rutkowski等（2020）指出的那样，一些中低收入国家可以通过引入简单的监管改革，在短期内扩大现有的移动货币基础设施，例如允许现有的非银行机构、电子货币提供商提供现金提取服务，从而扩大代理网络，使社会转移支付受益人可以使用该网络将其电子货币转换为现金；或者在能够保证充分的金融消费者保护和供应商之间相互操作性的前提下，加快新移动货币运营商进入市场的速度。

---

① 除了已经提到的哥伦比亚、摩洛哥和多哥的例子外，我们还可以举出另外几个发展中国家和新兴经济体制定了某种针对非正规工人的现金转移支付方案：巴西、布基纳法索、佛得角、哥斯达黎加、厄瓜多尔、埃及、萨尔瓦多、危地马拉、哈萨克斯坦、毛里求斯、菲律宾、突尼斯（WIEGO，2020）。

**插文3　作为金融包容工具的G2P数字化转移支付：巴基斯坦的EEC计划**

巴基斯坦政府于2020年4月启动了EEC计划，向1 800万因新冠肺炎疫情封锁而失去主要收入来源的弱势家庭（估计1亿~1.2亿人，占巴基斯坦人口的47%~56%）转移支付12 000巴基斯坦卢比（72美元），**提供即时经济救济**。

EEC计划受益人群体由收入低于20 000卢比的家庭、已经受益于另一项预先存在的政府计划（"Ehsaas Kafaalat"）的家庭，以及通过国家社会经济登记和用户管理系统（SMS）调查确定的其他弱势家庭组成。迄今为止，该方案分配的总预算为1 530亿巴基斯坦卢比（9.1亿美元）（Bourgault和O'Donnel，2020）。EEC计划案例成功的主要原因：①该计划从一开始就被视为促进弱势家庭长期金融普惠和社会保护的工具；②**巴基斯坦移动支付生态系统的具体特征**，即移动所有权水平总体较低，完全数字移动交易（即从移动钱包到另一个数字目的地）并不常见，而套现套出（CICO）交易构成了常态，即移动钱包中的数字货币通过庞大的移动货币代理网络转换为实体现金或从实体现金转换而来。此外，几乎所有成年公民都拥有国家数据库和登记局提供的生物识别身份证（Nishtar，2020）。

鉴于以上情况，即使受益人没有手机，EEC计划中也可以提供现金转账。EEC计划受益人必须在在线门户网站上注册，提供他们的生物识别身份证号码和电话号码（可能以他们的名义注册，也可能不以他们的名义注册）。然后为他们分配一个**有限授权账户**（LMA），他们可以使用该账户从超过18 000个现金点（即代理、ATM和银行分行）的网络中兑现转账，所有现金点都已配备指纹扫描（生物识别）技术。通过将指纹扫描与在巴基斯坦国家数据库与注册管理局（NADRA）注册的指纹扫描进行匹配来识别受益人。地方政府的任务是确保受益人在提款过程中保持身体距离且遵守安全措施，包括在指纹扫描前后对受益人的手进行消毒。

此外，还可以选择将LMA转换为一个功能齐全、支持生物特征的**移动钱包账户**，前提是受益人拥有手机，并进行了必要的尽职调查，使受益人能够获得广泛的数字金融交易功能。通过这种方式，有可能促进大量以前在经济上被排斥或服务不足的家庭实现普惠数字化。此外，这一过程有助于将巴基斯坦移动支付生态系统的重点由目前依赖CICO、代理协助模式转变到**完全拥有移动钱包所有权**、数字交易为主体的模式。

## 5.2 加速数字化 G2P 进程可能面临的风险及建议

以下内容重点论述在新冠肺炎疫情背景下，各国政府及相关机构加速推动 G2P 数字化转移支付的风险，以及相应应对建议。

### 5.2.1 风险

#### （1）遗漏数字排斥者群体

正如本书第 1.2 节和第 1.4 节所强调的，强化 G2P 数字化最明显的负面影响是将缺乏数字渠道的人排除在社会保护系统之外。大多数发展中国家和新兴经济体的数字鸿沟仍然非常严重，这是由移动普及率不足、数字专业素养缺乏，以及无法接入电网、互联网和移动数据等多种因素造成的。

其结果是，在 G2P 快速数字化的过程中，一些最容易受到新冠肺炎疫情影响的如老年人、农村地区人口反而没有被囊括进来，未能享受到新冠肺炎疫情应对策略的红利。为避免这种情况，数字化过程中应辅以促进该类人群数字 G2P 转移方案的具体措施，或者用替代的"类比"措施来补充数字渠道，以分配现金，确保向这类群体提供充分的保护。在新冠肺炎疫情期间，由于缺乏合适的现金发放方案，增加了疫情传播风险。例如，人工现金发放存在传染风险，而现金卡需要发送给收款人，零售商或销售点需要有技术来处理现金卡。如果选择这种方式，监督转移支付的地方行政当局必须确保采取所有可能的安全措施来降低感染风险（Amundsen，2020）。

#### （2）资金转移和公款挪用的风险增加

政府和捐助者急于以数字方式提供资金以减轻新冠肺炎疫情的影响，极大地增加了腐败、转移、欺诈和盗用资金的风险，同时数字转移支付本身也存在内在风险。正如 U4 反腐败中心所指出的，在现金转移支付价值链的四个关键阶段，贪污和腐败的风险更高：①资金分配给受援国政府并由受援国政府管理阶段；②决定谁将成为接受人阶段；③资金由分配机构处理阶段；④资金交给最终用户阶段（Amundsen，2020）。除了将资源从实际目标转移之外，高度腐败将导致受益人失去对该系统的信心，可能危及该计划本身及其他类似举措的采用和长期可持续性。尽管数字 G2P 支付计划在提高现金转移支付透明度方面确实具有相当大的优势，特别是直接交付到在线账户时，但建立适当的申诉补救机制以识别和减轻欺诈和腐败事件至关重要。

### 5.2.2 建议

#### （1）在国家层面投资数字身份认证数据库

分析新冠肺炎疫情后部署G2P数字化转移支付政府响应的成功案例，发现利用现有国家数字身份系统的能力是提升效率的关键因素之一。数字身份认证系统可以帮助识别和登记G2P计划，从而向单个家庭成员进行精确转移支付，如在驱动妇女和青年的能动性和赋权方面具有重要的作用，同时还可缓解诸如双重支付、挪用公款和隐蔽受益人等问题。数字身份认证数据库还可以大大降低与G2P转移支付相关的交易成本（Thapliyal和Goti，2020）。

那些大力投资于开发国家数字身份认证系统以及将数字身份与数字支付生态系统联系起来的中低收入国家（LMIC），已经能够广泛利用这一创新来实现G2P数字转移。从这个意义上讲，最著名的例子是印度，大约80%（数量为10亿）的银行账户与2009年首次实施的国家生物识别身份系统Aadhar有关。多年来，印度政府一直利用Aadhar系统作为包括从社会援助支付到粮食补贴等所有数字化转型的关键促成因素，通过减少欺诈行为和双重支付，估计节省了90亿美元（世界银行，2020a）。

为了应对新冠肺炎疫情，印度政府向与Aadhar系统有关的近4亿银行账户划拨了100多亿美元的现金。尽管该系统面临着一些挑战和挫折，例如在处理付款方面的失败以及与登记有关的问题时，为应对疫情而实施的相当于所有中等收入国家一半规模的社会保护一揽子计划，证明了数字身份识别系统在实现向世界大部分地区人口大规模快速部署现金和其他类型援助方面的潜力（Thapliyal和Goti，2020）。然而，正如研究中多次提到的，隐私滥用和与建立国家身份认证系统有关的公共特征分析引发公共和私人利益相关者的强烈关注，尤其是在新冠肺炎疫情下政府广泛使用紧急行政权力方面。

#### （2）考虑到生物识别可能波及的受益者

生物识别认证，即在尝试访问授权设备时使用个人的生物特征来验证他/她的身份的方式，正在成为实现移动支付越来越常见的安全措施。在新冠肺炎疫情期间，这项技术的一个问题是最常见的生物识别形式——指纹，会带来额外的传染风险。尽管如此，还有许多替代方案，如语音识别、虹膜扫描和面部识别，这些方案在新冠肺炎疫情期间的非接触式时代已经获得了越来越多的关注。根据《研究与市场》的研究，生物特征面部识别市场在政府公共安全支出增加以及移动客户需求增长推动下，得到快速发展（Burt，2020）。

在G2P数字支付的背景下，生物识别技术可用于将新受益人注册到计划中，

人们在巴西伯南布哥州一家当地银行前接受政府的紧急援助

允许他们提供身份证明以便在代理人或分支机构现金转移支付[①]，并定期提供健在证明[②]以继续在该计划的覆盖范围中受益。生物识别技术可以用来克服国家范围内缺乏有效身份证明的挑战，或者如果身份证明识别水平较高，则可将传统身份证明与生物识别技术结合使用，作为双因素认证方法的一部分。

从 G2P 的角度实现生物识别功能需要政府、捐助者和移动货币运营商在基础设施和客户教育方面进行大量的初始投资。所实施技术的质量也是一个重要的促成因素。最近的经验表明，生物识别技术如在登记阶段的频繁故障可能会使 G2P 受益人感到非常失望，从而导致接受能力减弱和覆盖范围不足（McKay 等，2020）。最后也是最重要的一点，生物特征识别的广泛

---

[①] 如第 1.2 节所示，套现套出（CICO）交易在疫情期间会带来额外的风险和挑战，因为可能存在感染风险和隔离措施造成的干扰。然而，基于 CICO 模型的 G2P 转移支付方案在中低收入国家中是不可避免的，因为中低收入国家的数字金融生态系统不够先进，无法实现支付和资金转移的完全数字化，如前一节所述的巴基斯坦 EEC 计划。

[②] 有关数字 G2P 支付方案的案例研究，该方案使用生物识别技术为受益人提供定期生命证据，请参阅 McKay 等（2020）。

使用带来了可能的隐私侵犯和监视蔓延方面的重大风险，如第1.3节和注释2所述。

（3）采用基于等级划分的简化客户尽职调查（CDD）模型

为金融服务提供商引入基于等级划分的简化客户尽职调查模型，有助于为弱势个人如缺乏身份证明或其他尽职调查要求的人远程注册小额、低级别的移动账户，从而为促进应对新冠肺炎疫情影响而实施G2P数字化计划的受益人快速注册。应当指出，在数字金融生态系统中引入基于等级划分的CDD模型可以代表决策者、金融机构和其他利益相关者的重大转变和努力，特别是由于他们通常需要浏览网络中复杂的国家和国际反洗钱及反资助恐怖主义规则，以确保风险较低的低级别账户仍符合这些条例的要求。尽管如此，近年来，中低收入国家成功引入了分层数字账户模式的几个例子，并在墨西哥、巴基斯坦和突尼斯有着广泛应用。此外，如CGAP（2020b）所示，一些中低收入国家的监管机构实际上已经开始在疫情暴发后实施一种临时的、简化CDD模型，其主要目标是促进客户加入数字G2P支付计划：

- 在菲律宾，中央银行于2020年4月宣布，在加强社区隔离的3个月内，将简化对移动设备开立货币账户的CDD要求，以促进G2P数字化转账的实施。居住或工作在隔离区的客户能够无需提供正式身份证明，便可在金融服务提供商处开立低级别或低风险账户，但提供商仍需执行国家和国际标准规定的所有其他基于风险的CDD调查，以及对这些账户的活动进行定期监控。这些账户的每日交易最高限额为985美元。

- 在加纳，如第1.3节所述，自2020年5月起中央银行允许移动货币运营商使用现有的客户电话注册详细信息开立最低级别的移动货币账户，而无需满足额外的CDD要求。

- 在西非经济和货币联盟，西非国家中央银行从2020年4月开始为期3个月内，临时允许移动货币运营商使用电信公司提供的手机注册数据为客户开设移动货币账户。规定必须事先获得客户同意，且移动货币运营商仍必须对远程注册过程进行必要的尽职调查，并且遵守先前存在的移动货币账户监管门槛。

（4）在数字化G2P计划的设计和实施中对性别敏感的考虑

G2P数字支付得到广泛认可。从对性别问题敏感的社会保护角度来看，与传统的G2P计划相比，G2P数字支付在代理权、控制权、影响力和便利性等方面使妇女受益性增强。当然，前提是在方案设计中要有相应考量和独立交付功能，以确保妇女特别是农村地区妇女不会因账户所有权和注册方面面临障碍和偏见，从而影响或限制她们从G2P数字支付中受益。常见的一些障碍如下：

● 在获取官方身份认证，诸如合适担保人、所有权证明或收入证明和对账户所有权的其他歧视性CDD要求时存在性别差异，这取决于特定环境的监管框架，这可能是加入该计划的主要障碍。

津巴布韦DFID数字现金援助项目的受益人

● 手机持有量的性别差异是失败潜在因素，也是此处提到的基于性别的差异。任何数字化现金转移支付计划如果没有充分考虑到移动设备持有量方面的差距[1]，就有可能无法有效地惠及妇女，特别是居住在农村地区的妇女。

● 源于社会、文化和经济因素的资源和时间限制会降低女性购买手机的能力，从而限制她们开户和获得资金的机会。事实上，根据GSMA（2020b）的调查，负担能力被确定为中低收入国家女性拥有手机的最重要障碍。

---

[1] 根据最新的GSMA（2020a）数据，中低收入国家的女性拥有手机的可能性比男性低8%，20%的女性通过手机上网的可能性更低。按绝对值计算，通过手机上网的女性比男性少3亿。

坦桑尼亚桑给巴尔岛的移动货币代理商

- **金融和数字专业能力方面的性别差距。女性**对数字技术和金融服务知识的认识和熟悉程度会对其拥有移动手机、账户注册和使用造成障碍，这也导致女性更容易受到欺诈和诈骗。限制现金转移支付也会给妇女生计和能动性带来影响。

在新冠肺炎疫情的背景下，政府在制定数字G2P方案时会先**考虑紧迫性和即时性，再考虑公平和平衡目标**，这可能会导致这些计划对女性的服务不足，尤其是对最脆弱地区女性服务不足。尽管在数字G2P方案中对性别针对性设计和交付功能问题研究超出了本书范围，但我们可以强调以下建议[①]。

- **让女性群体成为数字G2P支付的默认接收者**：直接向妇女账户，而不是通常地向男性户主账户汇款，以增加妇女对这些资金的管理权和控制权，确保能够更好地满足家庭基本需求。如在上一节中描述的秘鲁数字G2P方案中，尽管也可以灵活指定一位男士，但主要通过自动向家庭中60岁以下的最年长的妇女账户中进行转账来实现（比尔和梅琳达盖茨基金会等，2020）。

- **在工作和生活的地方触及女性群体**：考虑到现有社会和文化规范下，女性可用于开户的时间和能力相对较少，需要寻求其他解决方案便于她们能够使用数字G2P计划，例如在工作和生活地点附近设立临时登记点和现金兑换点，或者让代理进行上门登记。当然，这些解决方案必须精心设计，以

---

① 请注意，将本节中关于性别问题的相关建议与其他建议相结合，有助于提高妇女对计划的获取和使用，例如扩大接受者的选择，放宽注册客户要求，促进数字G2P平台设计的易用性。

平衡好该计划中随着女性注册率的增加，可能出现的更高感染风险问题。

● **通过足够的能力建设完成方案交付**：考虑到男性与女性在金融和数字专业能力方面的差异，应精心设计配套方案为妇女提供必要的技能，以了解方案功能和实现访问要求，以便她们实现对账户的自我管理，同时要正确利用现有的申诉补救机制（比尔和梅琳达盖茨基金会等，2020）。

### （5）开发可持续、全方位、一体化的数字G2P转账系统

除了旨在扩大现有数字G2P渠道以应对新冠肺炎疫情的短期公共努力外，还应注意，新冠肺炎疫情为数字金融部门的所有利益相关者提供一个可以让他们团结起来，共同致力于打造一个能够长期发展的可持续、有弹性的数字金融生态系统的契机。该系统通过久经考验的方式部署，来抵御类似新冠肺炎疫情大规模的外部冲击。

正如Davidovic等（2020）所指出的那样，发展这样一个生态系统需要数字金融部门所有利益相关者的协调努力，例如政府、金融机构、融资换贷款计划、移动货币运营商和受益人本身的协调努力，并在基础设施发展、监管改革、互操作性、建立数字身份认证数据库、消费者教育、对私营部门的激励措施、充分连通性等领域开展系列投资。图5-1提供了一个成功的数字G2P转账

**受益人**
身份证件、生物特征
识别、数字扫盲

**政府**
社会注册、
数字身份证、
数字支付

**移动货币运营商**
代理和
移动网络覆盖，
注册客户

**金融机构**
分行和ATM覆盖
范围、实力、
风险管理

**启用网络**

**提款网络**
流动性、密度、技能

**商户支付**
接收、互操作性、激励

**启用基础**

**商业模式要素**
G2P特征、沟通、
合作伙伴

**政策法规**
费用、参与者、
风险管理

**基础设施**
电力、连通性、
可承受性

图5-1　G2P数字化转账系统的关键要素

资料来源：Davidovic等，2020。

系统示意图，突出显示了"基础模块"以及在大规模现金转移支付过程中建立具有成本效益和高效数字渠道所必需的核心利益相关者，同时将所有相关方的风险降至最低。

### （6）扩大G2P接受者的选择范围

正如Baur-Yazbeck、Chen和Roest（2019）所阐述的那样，在数字化G2P支付已经为客户带来相当大好处的同时，允许他们选择哪个提供商和账户来接收资金将对客户和政府带来一系列的积极影响。与其通过单一金融服务提供商提供G2P支付，不如在中低收入国家开发集成且可互操作的支付基础设施，使政府能够通过多个相互竞争的金融机构进行转移，为他们提供更大的动力来改善客户体验和服务质量，同时全面扩展客户从G2P转账中兑换现金的访问点。

对于客户而言，他们选择哪个账户接收转账意味着其管理财务更加方便，同时如果他们对当前的服务不满意，也可以选择更换提供商，让他们能够选择最信任的代理人和访问点，从而让他们尤其是女性感觉到更安全。对于政府而言，利用多个提供商的现有基础设施，而不仅依靠一个提供商的专有网络，可以节省大量交付成本。它还不需要执行采购流程来选择单一金融机构来引导现金转移支付，而是利用更广泛的支付基础架构和现有的代理网络。

在新冠肺炎疫情背景下，中低收入国家扩展客户选择接受数字化G2P支付的能力必然受到现有基础设施、监管和教育以及意识差距的严重限制，其中极少数有可能在短期内克服。尽管如此，公共机构应将数字社会安全网抵御外部冲击、扩大客户选择的长期过程作为实现更可靠、有效和客户友好系统的基本步骤，该系统可用于短期向社会最脆弱的部分提供现金援助，以及长期的社会福利转移。

### （7）链接现有的社会数据库，改进受益人的目标

将国家级的现有社会数据库（包括社会登记处）连接起来，可以帮助决策者根据财富水平和具体需求对个人和家庭进行排名，从而改进因新冠肺炎疫情影响而明确创建的现金转移支付方案的目标（Packard等，2019）。如上一节所述的两个案例，智利和巴基斯坦为应对危机而实施的现金转移计划，由于这两个计划建立在不同的、预先存在的社会保护方案的家庭数据库基础上，从而可以正确地识别和定位受益者。举例来说，图5-2显示了有多少不同的、预先存在的社会保护计划的受益者被作为Ehsaas紧急现金（EEC）计划中进一步支持的目标，以应对新冠肺炎疫情危机。

### （8）使用移动货币运营商的客户端数据来改进G2P目标

在肯尼亚应对新冠肺炎疫情的政策中，世界银行（2020b）最近提议通过快速电话调查，以确定有可能因紧急情况而陷入贫困风险的肯尼亚公民，然后根据移动货币运营商的客户数据运用三角法对调查结果进行分析，以确定这种

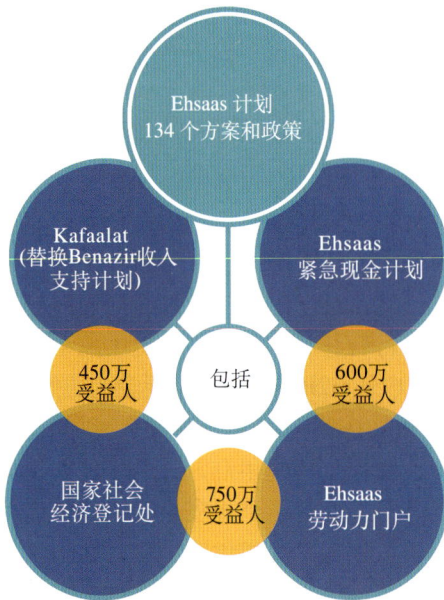

图5-2 根据EEC计划选择额外支持的现有计划的受益人

资料来源：Bourgault和O'Donnell, 2020。

调查方式是否可用于预测客户的漏洞，并筛选出符合移动社交转移计划资格的客户。一项平行提案呼吁肯尼亚政府结合移动货币运营商数据开展小区域地理定位来评估其贫困状况[①]，从而确定计划受益者。除了已经在1.4节中提到的与数据隐私相关的明显问题之外，这些类型的提议仅在发达的移动支付生态系统和高水平的移动钱包拥有率的背景下才可行，肯尼亚因拥有5800万移动货币用户，成为这方面的典型案例。

优先考虑使用移动货币服务作为G2P渠道的易用性：易用性真正具有普惠性移动社会转移支付方案的基本特质，特别是当政府和捐助者急于向广泛的G2P受益人群体提

内罗毕基贝拉的移动银行服务（M-Pesa）代理人

©WorldRemit/Fiona Graham（CC BY SA 2.0）

---

① 小区域贫困估计是一个统计领域，包括一系列方法，以解决调查数据的局限性，从而为不同地理位置产生可靠的估计（在这一具体情况下是贫困程度）。

供现金时，作为应对疫情的一部分，该机制整体的简便性成为确保受援方全面接受的关键因素。促进易用性可以通过不同的方式来实现，例如，为G2P接收者设计可访问且以客户为中心的数字接口进行交互，比如可以通过简单命令进行导航的专用移动应用程序，这对于移动货币的普及至关重要。促进受益人熟悉G2P转移支付的移动渠道的措施也很重要，可以通过开展宣传活动和有针对性的计划教育来实现。

## 5.3 注重通过G2P数字转移支付实现全民基本收入

在2019年出版的《艰难时期的良好经济学》（*Good Economics for Hard Time*）一书中，经济学家和诺贝尔奖获得者班纳吉（Banerjee）和杜弗洛（Duflo）提出了为发展中国家人口建立全民超级基本收入（UUBI）安全网的论点，定期提供人们最低限度的现金转移支付以维持他们的基本生存。在大范围的经济衰退和各种破坏从不同角度长期威胁着绝大多数公民的生计时，这种类型的基本支持可以在疫情期间从根本上改变游戏规则。UUBI方法的优点在于简单、透明和确保没有人会挨饿，作为减贫和社会稳定的工具，能够减轻经济危机对社会不平等的加剧以及由此产生的紧张局势的影响（Banerjee和Duflo，2019，2020）。

近年来，围绕引入某种形式的全民基本收入，实现为全体人口的生计提供最低限度保护的辩论越来越激烈，鉴于这一概念的两极分化性质，从政治和金融角度来看都是可以理解的。在新冠肺炎疫情暴发后，考虑到为保护弱势公民免受疫情影响而建立的基本社会保障覆盖范围，政府发起的大规模无条件现金转移支付计划浪潮重新掀起了一场关于全民基本收入机会的争论。

当然，对于UUBI安全网的概念和实施存在一些担忧。第一个是与设计相关的。传统上，安全网设计中的一个核心问题是尽可能优化目标，以便只覆盖真正需要的人，同时试图减少如重叠和搭便车等现象的出现，从而阻止依赖和失业。此类设计和目标调整，往往会导致大部分真正有需要和处于困境的人被排除在外。此外，目标考虑也可能被庇护主义、政治操纵和精英俘获等问题所扭曲，这会大大降低安全网的预期影响。

特别是在新冠肺炎疫情期间，政府迫切需要快速帮助尽可能多的人抵御这场疫情的影响，这比关注政策设计本身更重要。从这个意义上说，UUBI安全网为新冠肺炎疫情中可能面临职业困扰等困难的人，提供了一个确保每个人都可以维持基本生产生活需求的透明的、全面的解决方案。此外，还是物质和心理稳定的基本安全网，在放松限制措施后可以促进经济复苏。

另一个问题显然是财政方面的：中低收入国家政府是否有足够的资源来

支付这样一个扩展的安全网，无论是在短期还是长期内作为对疫情的反应。从短期来看，新冠肺炎疫情已经让世界各国政府清楚地认识到，不解决这场波及全面危机所造成的影响，其社会成本必然远远高于当前大规模、无条件现金转移支付的计划。鉴于此，与新冠肺炎疫情造成的破坏可能导致的社会崩溃相比，大规模预算赤字在短期内似乎更容易被接受。

问题在于这些措施在财政上是否具有可持续性，特别是在新冠肺炎疫情之后很长一段时间内。发达国家和发展中国家都在进行数量越来越多、规模也越来越大的研究和试点，以便评估这些计划的可行性和影响力，现已取得令人鼓舞的结果[①]。尽管这些试点和研究在时间、规模、背景、目标群体以及转移数量和间隔方面已经进行了多样化实践，但是最终效果还不能确定。

虽然是否支持全民基本收入的相关研究超出了本书的范围，但我们可以从如何提高中低收入国家数字金融水平角度进行研究，如何建立并推广UUBI安全网，即政府是否有能力接触全国最偏远的农村地区的人，以便定期向他们提供现金转移支付。

从这个意义上讲，在国家可以提供有利的推广环境来建立庞大数字安全网的前提下，移动支付系统可以改变游戏规则。有力推广环境主要包括充分的移动普及率、足够的数字专业能力并熟悉此类服务、完善的监管制度、完备的

© 世界粮食计划署/Mehedi Rahman

疫情期间，孟加拉国库里格拉姆区的妇女在移动支付代理处排队从手机钱包中提取现金

---

① 参考 Gentilini 等（2020b）和 Ortiz 等（2018）关于普遍基本收入主题的广泛论文，以及最近的试点和经验。

信息通信技术基础设施和其他核心促成因素。第3.1节已经说明了这一点，以若干案例形式展示了中低收入国家在不同背景下，通过利用移动货币渠道和国家数字身份数据库，迅速将大量现金直接分发到大部分人口中，在识别和交付方面节省了大量成本。例如：在多哥，Novissi计划已经为16%的人口提供了基本的月收入；在摩洛哥，政府向全国半数以上的家庭提供了社会现金转移支付。

随着中低收入国家数字金融普惠性不断增长，与寻找融资和达成政治共识等其他主要障碍因素完全不同，UUBI网络将成为越来越重要的选择，至少从实现大规模转移支付的角度来看这是一个很好的选择。Gentilini等（2020b）认为，在未来五年内，对许多中等收入国家而言，如果数字金融生态系统中的所有核心利益相关主体能够齐心协力，实施普遍基本收入制或许将成为一种可行性选择。显然，对于低收入国家来说，这一时间估计要长得多，尽管最近在相对较短的时间内，如乌干达等少数国家，已经取得了账户所有权增长的成功经验（插文4）。

**插文4　世界粮食计划署（WFP）借鉴区块链技术经验推动数字G2P支付发展**

区块链是一种跨多个参与者网络托管的分布式数字账本，它提供了一种以更快、更透明、更安全的方式共享信息和转移数字资产的方法。**使用区块链技术作为数字化现金转移支付的促成因素**，在缓解或克服影响现金转移支付接收人识别和验证的几个关键挑战方面具有相当大的潜力。通过将数据存储在不可变且安全的数据块中，并让多个参与者持有副本，将欺诈、盗窃或操纵的风险就降低到接近零。此外，它的点对点特性消除了对银行或其他机构等昂贵中介机构的第三方验证需要。由于他们被分配了加密代码作为身份信息，在提高了隐秘性的同时仍然允许管理人员实时监控转账交付情况，接收者的隐私和安全便均得到保障（WFP，2017）。

近年来，WFP开展了相关性较强的工作，在难民现金转移支付方案中利用区块链技术作为其"Building Blocks"倡议的一部分，目的是通过促进转移，拓宽受援国对如何和何时接收资金的选择，同时全面加强受益人的数据保护和风险管理。2017年，**WFP开始在约旦的两个叙利亚难民营提供区块链驱动的现金转移支付**，依靠10 000多名受益人的生物特征登记，让他们只需扫描虹膜即可在难民营购买食物，而不是采用现金、代金券或电子卡。他们的权利都是在基于区块链的计算机平台上登记的，该平台记录了他们的支出情况。

2020年4月，随着新冠肺炎疫情的暴发，WFP开始向孟加拉国科克斯巴扎尔的46 000名罗兴亚难民提供基于区块链支持的现金援助，为受益人提供带有二维码（QR码）的非接触卡，并与数字账户相关联，他们可以在营业网点内用来支付各种商品，所有交易都在区块链上实时更新。有趣的是，这些数字账户能够存储营业网点内不同机构提供的现金转移支付，而不仅仅是WFP，这表明此项创新在协调和优化人道主义应对工作方面具有明显优势。除了现金转移支付之外，还需要强调的是，WFP正在探索区块链技术在与数字支付和转移相关的其他领域的潜在应用，例如数字识别和供应链追踪（WFP，2020）。

总体而言，在新冠肺炎疫情和其他未来全球灾害期间，区块链技术在对弱势群体进行援助方面具有更透明、有效和协调的巨大潜力。除了社会现金转移支付外，这项技术还**显示出从根本上改变整个数字支付空间的潜力**，例如通过使数字跨境支付即汇款更便宜、更安全和更透明。尽管如此，一些障碍因素仍然限制了区块链技术在数字支付生态系统中的广泛采用，例如最初需要大量的基础设施投资、高度的监管不确定性、缺乏该技术的公共专业知识及更大规模实践案例等。

# 第6章

## 提供数字信贷解决方案以减轻新冠肺炎疫情的影响

## 6.1 为受新冠肺炎疫情影响的企业提供短期贷款便利

新冠肺炎疫情引发的一系列连锁反应给世界各地特别是中低收入国家中不同规模和行业的企业都造成了负面影响：①封锁导致国家层面的经济活动暂时瘫痪；②现有供应链的广泛中断；③企业产生的持续费用，包括因封锁而关闭的企业所需支付的租金、员工休假时的工资；④因防疫而采取的长期安全措施削减了一些行业的利润；⑤由于人们的整体消费减少，经济中的流动资金减少；⑥一些行业如旅游业、航空业、邮轮业等经济暂时停滞；⑦从更长远的角度来看，经济衰退正在缓慢展开。

而在受新冠肺炎疫情影响的企业之中，尤其是零售、饮食、住宿等经济部门的中小微企业由于缺乏社会安全网、可获取资源有限、缺乏供应链的替代方案等原因，受新冠肺炎疫情影响明显。2020年5月，国际劳工组织（International Labour Organization，简称ILO）的SCORE项目对四大洲的1 000多家中小微企业进行的一项调查显示，2020年3/4的中小微企业年收入减少，其中1/3的企业预计年收入减半。在接受调查的企业中，75%的企业客户订单减少并且预计在2020年内不会完全恢复，且90%的企业面临现金流短缺。此外，从全球范围来看，中小微企业的就业人数占总就业人数的70%以上，其产值占各国国内生产总值的50%，因而确保该类企业的生存是各国政府应对新冠肺炎疫情战略中的重中之重（ILO，2020b）。

鉴于此，短期内大规模注入流动性显然对帮助中小微企业渡过危机是至关重要的。政府在疫情暴发后推出的国家刺激计划便是一个例证，该计划为企业提供现金补助以及信贷额度和部分担保，还采取了一系列其他援助措施，如推迟水电费、贷款和税款缴纳，减少社会保障缴款以及提供工资补贴等。

根据ILO的同一调查（2020b），受访中小微企业中的65%认为获得短期信贷是抵御新冠肺炎疫情的关键要素，而大型企业的这一比例为54%。一项类似的大规模调查[1]显示，拉丁美洲和撒哈拉以南非洲的中小微企业认为获得信贷是抵御新冠肺炎疫情的根本所在，两地的中小微企业分别占样本的49%和40%。其实，中小微企业早在新冠肺炎疫情之前就面临相当大的资金缺口，发展中国家有1.41亿美元、占比约41%的中小微企业的融资需求未能得到满足，资金缺口约为当前中小微企业贷款水平的1.3倍（中小企业金融论坛，2020；Facebook、经济合作与发展组织和世界银行，2020）。

在这种情况下，数字信贷（包括在线信贷和移动信贷）是一个强有力的工具，不仅可以减轻中小微企业发展中所面临的传统融资障碍[2]，而且可以减轻新冠肺炎疫情造成的信贷获取方面的具体限制。封锁期间普遍存在的流动性限制导致缺乏活力的实体金融机构的分支机构或代理机构，传统的信贷获取方式不仅增加了疫情传播风险，还提升了总体较高的交易成本，对企业主而言，申请和接受贷款便十分不切实际。在这种情况下，推广网上银行和移动信贷服务可以有效缓解这些障碍，确保企业家既可以获得贷款又无需亲自到银行或公共机构现场。

总的来说，可借助数字技术通过以下方式改善信贷流程，使中小微企业和金融机构都能获益。

- 将贷款申请流程数字化，从而使中小微企业能够以完全无接触的方式为尽职调查过程提供文件和信息；
- 开发基于大数据分析更准确的核保技术；
- 采用预定义的算法来完善贷款审批程序，减少支付所需的时间；
- 借助基于规则的流程引擎降低运营成本和周转时间；
- 只需提供少量文件便可通过虚拟界面快速处理小规模、无担保的贷款；
- 根据中小微企业的情况提供定制化的客户体验（Varma，2020）。

然而，即便数字信贷有这些优势，与公共和私营部门促进数字支付和转账应用方面的举措相比，发展中国家和新兴经济体为应对新冠肺炎疫情而开发的定制数字信贷解决方案一直处于落后状态，这是由于金融机构设计和提供这些类型产品需要耗费大量的时间、人力、资金等资源。尽管如此，目前也有不少关于商业银行、移动货币运营商和金融科技公司加紧向受疫情影响的小企业

---

[1] "全球小企业状况"调查是由Facebook、世界银行和经济合作与发展组织（OECD）在2020年5月共同推进的，采访了50多个国家的3万多家小企业。

[2] 这些因素包括：信用记录不佳或缺乏信用记录，缺乏常规类型的抵押品（如土地、房屋），金融教育水平低，以及初始资本稀缺等。

和个人提供临时数字信贷的例子。

- 自2020年3月起，为能够在封锁后为其客户提供短期的经济救济，尼日利亚的电子商务运营商和移动货币运营商Jumia为JumiaPay移动应用程序的用户提供即时、无抵押的小额贷款，贷款额度最高可达10万尼日利亚奈拉（255美元）（牛津商业集团，2020a）。

- 2020年3月，在肯尼亚，移动货币运营商Safaricom和KCB银行推出了300亿肯尼亚先令（2.78亿美元）的刺激基金，客户可通过M-Pesa应用程序进行后续贷款，允许符合条件的客户提高借款限额，并为现有贷款的借款人延长还款期。此外，他们还针对受疫情影响的个人和小企业推出了一项贷款重组计划，允许其对现有贷款合同进行重新谈判（资本商业，2020）。

- 在孟加拉国，城市银行为应对疫情与移动货币运营商Bkash合作，双方于2020年7月开始试行"数字贷款"产品，该产品将银行的传统贷款产品数字化并提供给BKash应用程序的用户，整个贷款过程包括申请、客户检查、支付、偿还贷款等都在应用程序上进行（美国天宝轮船公司，2020）。

- 在中国，汇丰银行和菜鸟物流运营商合作为数字商户提供贸易融资贷款（插文5）。

> **插文5　向受困的零售企业提供短期数字信贷——汇丰银行和菜鸟物流运营商的案例**
>
> 　　香港最大的银行汇丰银行与中国电子商务集团阿里巴巴的物流部门菜鸟网络科技公司之间的合作是私营金融介入以应对新冠肺炎疫情引发零售业危机的一个典型案例。香港暴发疫情后，汇丰银行通过阿里巴巴天猫平台向网商提供最高50万美元的贸易融资贷款，贷款审批期为7天、有限时利率优惠、过程完全数字化。在这次合作中，菜鸟会根据"客户背景、实时库存和经营状况"对贷款申请人的数据进行扫描汇总，随后发送给汇丰银行进行信用评估。通过这种方式，汇丰银行能够利用大数据和（来自菜鸟的）第三方信息快速做出贷款申请决策，而这些决策可能会改变疫情之下陷入困境的小企业的命运[南华早报（SCMP）2020]。

　　一方面，这些为受疫情影响的个体和中小微企业设计和开发数字信贷创新方法的初步试点项目，给整个金融业都带来了一定的启发。另一方面，中低收入国家的政府可以通过有针对性的政策支持来推动此类创新，以缓解数字信贷陷入的僵局，如：对申请远程贷款的客户严格要求以及不灵活的信用评分和登记系统。充分的公私合作有助于迅速开发出更加适应疫情的数字信贷模式，有利于在未来局部或全国性的新病毒暴发的情况下，推动部分停滞的地方经济重焕生机。

除了私营部门的举措外，还有一些中低收入国家政府直接通过推出数字信贷计划，来遏制新冠肺炎疫情对特定经济行业的影响。

- 尼日利亚：2020年5月，尼日利亚中央银行启动了一项500亿尼日利亚奈拉（1.3亿美元）的定向信贷机制，向生计受到疫情影响的中小微企业和家庭提供财政救济。定向信贷机制向中小微企业和家庭提供年利率为5%，但2021年2月后将上升到9%、最长期限为36个月的贷款。家庭的最高贷款额为7 700美元，企业的最高贷款额为64 000美元。申请人需要提供能够证明其业务或生计受到疫情不利影响或者他们能够利用危机抓住有利可图的商机的可验证证据。尼日利亚小额信贷银行负责管理该信贷计划，其主要股东是中央银行和公共农业融资计划NIRSAL（The Nigeria Incentive-Based Risk Sharing System for Agricultural Lending，简称NIRSAL）。

津巴布韦哈拉雷的一家服装和口罩制造厂

关于定向信贷机制贷款方法的几个潜在缺陷已经显露无遗（Onyimadu，2020），如要求中小微企业提供的抵押价值高达所申请贷款的70%，以及对提供信贷施加传统的资格标准（高销售收入、良好的现金流、稳固的商业经营史），而没有考虑到大多数企业和家庭所面临的紧急状况。出人意料的是，2020年6月，中央银行取消了原来要求担保人归还贷款的规定，因为这被视为限制该计划接受程度的关键障碍（Abara Benson，2020）。

- 多哥：2020年7月，多哥政府与两家主要电信公司合作，启动了Yolim信贷计划，旨在向受疫情影响的小农户提供无息贷款。Yolim在卡比耶语中的意思是"种植季节"，是一项可以用手机访问的移动服务，通过直接存入手机钱包的形式向小农户提供无息信贷，用于购买农业投入品或租赁拖拉机，规定每个农民的贷款总额最高为96 000非洲法郎（172美元）。受益的农民必须向参与该计划的17家大型农业综合企业之一的Yolim公司提供身份证件（选民卡）和电话号码进行注册。该方案最初覆盖了57 000名农民，到2020年底的目标是256 000名，已动员了55亿非洲法郎（1 000万美元）的资金（Akoda，2020）。

## 6.2  关注供给侧：促进金融机构的数字化转型以保持竞争力

在新冠肺炎疫情期间，推动金融服务数字化转型不仅对需求方即客户的生计及其普惠性至关重要，而且还能确保金融机构本身的稳定性和竞争力。金融机构想要在疫情中继续运营下去，则意味着需要具备继续提供服务、与客户沟通、注册新用户、处理新贷款申请、执行贷款回收以及许多其他方面的能力。因而，鉴于金融机构还需要关注客户对服务提供、外部沟通、投诉处理等方面的体验，促进金融机构的数字化转型显然不仅应包括外部机构层面，而且应包括如行政、预算、人力资源和决策等内部层面。

从提供信贷的具体角度来看，发达国家和发展中国家的商业银行、小额信贷机构、金融科技公司以及其他各种类型的金融机构都受到了新冠肺炎疫情带来的冲击：由于新冠肺炎疫情对借款人的经济影响，贷款违约和还款延迟的情况增加，进一步引发了企业的大规模裁员、被动休假和减薪、临时关闭、破产，又因为几家中央银行宣布暂停偿还贷款，大幅降低了信贷回收率，金融机构保持足够流动性的能力遇到极大考验。

此外，需要强调的是：在金融机构中，小额信贷机构尤其容易受到疫情的影响，主要是因为其核心客户群的脆弱性，以及与商业银行相比较低的内部和外部数字化水平。目前，对中低收入国家的整个小额信贷机构行业状况的主要担忧是：在长期且无法预见结局的疫情状态中，小额信贷机构行业在未来几个月可能注定要面临大规模流动性危机。然而，根据扶贫协商小组（Consultative Group to Assist the Poor，简称CGAP）对小额信贷机构的全球脉动调查数据[①]（图6-1），小额信贷机构在2020年4月底的现金供应情况似乎并非十分危急：56%的小额信贷机构能够用掌握的现金和流动资产支付一年的运营费用，而30%的小额信贷机构能够支付至少6个月的运营费用。只有14%的受访小额信贷机构仅能够支付不到3个月的运营费用，其中有一半最多只能支付1个月的运营费用。从区域角度看，最令人担忧的是撒哈拉以南非洲和拉丁美洲的小额信贷机构所面临的情况，因为这些地区的这类机构所面临的业务支出相对要高得多（Zetterli，2020a）。

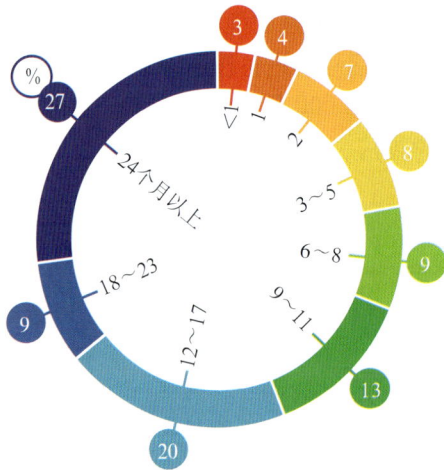

图6-1　2020年4月小额信贷机构手头的现金可以维持运营支出的时间（单位：月）

资料来源：Zetterli (2020a)，世界银行扶贫协商小组小额信贷全球脉动调查。

为了防止潜在的流动性危机，处于不同情况下的小额信贷机构在疫情暴发后都大幅减少了贷款活动，同时还进行了一系列的内部改革，以降低运营成本并保持流动性。扶贫协商小组对小额信贷机构的全球脉动调查显示，截至2020年7月，几乎3/4的小额信贷机构因新冠肺炎疫情而减少了贷款，其中近60%的小额信贷机构减少了一半以上的贷款，10%的小额信贷机构完全停止了

---

① CGAP对小额信贷机构的全球脉动调查旨在全面了解新冠肺炎疫情在全球、区域和国家层面对小额信贷的影响。通过全面了解疫情对整个行业小额信贷的影响，帮助资助者和监管者有效地支持小额信贷行业，并为小额信贷机构管理团队的规划提供参考。见：cgap.org/pulse。

贷款活动（图6-2和图6-3）（Zetterli，2020a）。

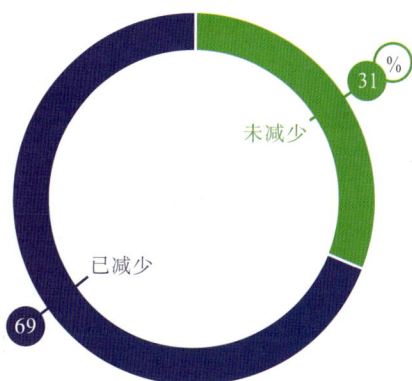

图6-2　因新冠肺炎疫情而缩减贷款的小额信
贷机构的百分比（截至2020年7月）

资料来源：Zetterli，2020a，世界银行扶贫协商
小组小额信贷全球脉动调查。

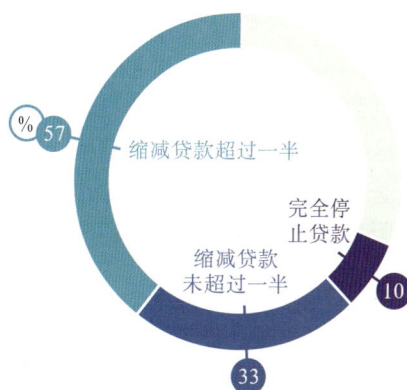

图6-3　小额信贷机构缩减贷款的程度

资料来源：Zetterli，2020a，世界银行扶贫协商
小组小额信贷全球脉动调查。

与此密切相关的是，在扶贫协商小组的调查中，**31%的小额信贷机构声称为适应疫情的影响已经扩大了其现有的数字客户渠道**，而29%的小额信贷机构已经创建了新的数字客户渠道，作为应对疫情的具体措施。在世界银行扶贫协商小组的全球脉动调查中，大约40%的小额信贷机构正以数字方式开展部分业务，只有13%的小额信贷机构通过这些渠道开展超过1/3的交易，还有1/4的小额信贷机构完全没有开展任何数字交易。正如Zetterli（2020b）所指出的，通过投资数字化服务来应对疫情的小额信贷机构与那些没有意愿或资源这样做的小额信贷机构似乎形成了鲜明的对比。

显然，**促进金融机构的内部和外部数字化进程**，已经成为确保这些机构在长期的新冠肺炎疫情面前保持积极性和竞争力的关键。因为未来新冠肺炎疫情可能会出现新高峰，并引发一系列应对疫情的遏制措施，可能会极大地干扰金融机构的业务，特别是那些**在数字化转型道路上整体落后**的机构类别，如小额信贷机构和农村金融合作社。这些机构将不得不进行数字化战略转变，否则他们将会失去目标客户群如农村和低收入客户，甚至被金融科技初创企业所取代，这些金融科技初创企业更有能力利用中低收入国家不断提高的移动渗透率来迅速扩大其投资组合。显然，要想实现这一转变也面临一些障碍，比如：关于如何制定数字化进程的机构知识不足、落后的IT系统以及僵化的监管限制等，第7.3节中将更深入地分析针对这些障碍的建议。

　　从长远来看，企业和个人出于自身需要将会越来越依赖数字服务，大力推动中低收入国家金融机构的数字化转型，将很有可能加速中小微企业尤其是那些活跃在农业等传统服务不足行业企业的数字金融普惠性发展。从这个意义上说，那些在疫情暴发之前就已开始在发展中国家和新兴经济体中投资设计和提供数字金融服务的金融科技公司，将会是受益最大的主要金融机构群体。由于这些金融科技公司具有结构、服务和运营的内部和外部数字化水平更先进的显著性优势，更有能力提供比传统金融机构更灵活、更透明和更有针对性的金融服务，从而赢得大量新客户（插文6）。

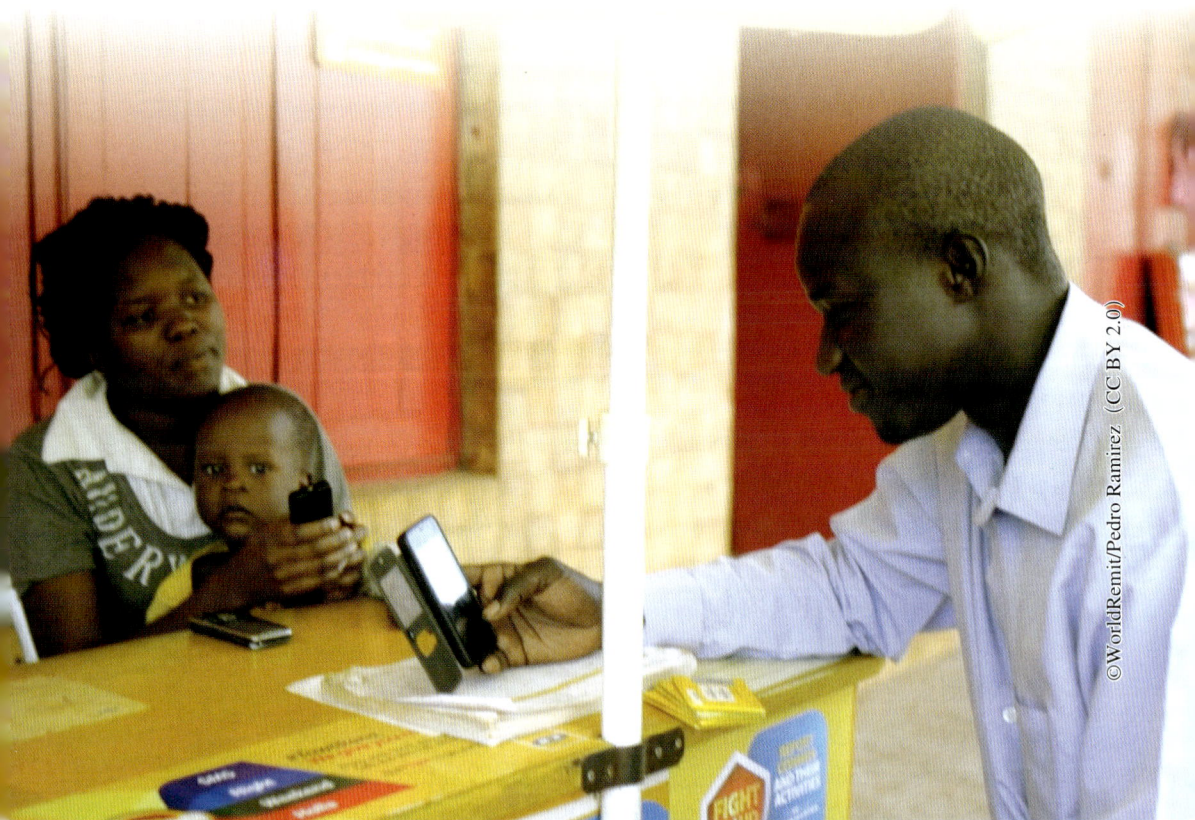

©WorldRemit/Pedro Ramirez（CC BY 2.0）

在乌干达古卢的一个移动货币亭，兑现从国外寄来的汇款

### 插文6　利用众筹作为应对疫情的手段

为应对新冠肺炎疫情的紧急情况，政府以及一般的非营利部门采取给被封锁群体提供数字捐款的方式，将有可能吸引大量的团结基金以资助国家应对紧急情况。这将涉及成千上万休戚相关的公民的**小规模捐款**，以及公司或高净值个人等大型捐助者的**一次性捐赠**。

正如联合国资本发展基金（UNCDF，2020b）最近指出的，政府可以通过建立或利用现有的**众筹电子平台**来加强这些团结基金，这些平台既可以用来吸引和汇集非专用资源来对抗疫情，也可以用来资助购买检测试剂盒、医疗用品和急救物品之类的具体项目。第二种模式在吸引捐款方面的优势是，捐款达成的成就有章可循且会在公众平台上以更透明的方式报告，明确的目标激励使人们更有动力进行捐款。

# 第 7 章

# 思考和建议

## 7.1 新冠肺炎疫情是移动货币市场超越代理辅助模式的触发因素

纵观过去20年的经验，显然金融科技行业在全球危机之下有一种发展和创新的趋势，因为新的数字金融解决方案的设计和实施填补了传统银行业的各种空白，也满足了人们在危机影响下对定制化的、更复杂的、更便利的金融服务需求。

鉴于此，我们有可能在当前应对新冠肺炎疫情而开发的新金融技术解决方案与2007—2008年金融危机后发生的情况之间找到相似之处，当时有几家主要的金融技术公司应运而生，弥补了传统银行业与客户现实需求之间日益明显的差距，利用尖端技术为更多的客户提供了更便宜、快捷、便利的服务。

在全球范围内采用和推动金融科技创新最终会对各国产生不同的影响，对发展中国家和新兴经济体而言可能会带来风险：一方面，那些已经拥有发达的数字金融生态系统的国家、或者已经可以利用一系列有利因素来支持其加速发展的国家，必然会随着这场疫情引起的金融科技解决方案的普及而受益颇丰；另一方面，那些近年来由于各种原因没有投资数字金融生态系统核心要素的国家，则有可能在金融数字化的加速进程中远远落后①。

当前仍制约数字金融转型进程匀速发展的一个主要障碍是，各地区的中低收入国家过度依赖代理辅助的场外交易模式以实现移动支付服务，这将在下一段进行更深入地描述。从这个意义上说，新冠肺炎疫情有可能成为一个重要的触发因素，促使那些极度依赖代理协助模式提供移动支付服务的发展中国家将移动支付生态系统向更先进的轻现金模式发展，且能够向完全有能力使用这

---

① 在这个意义上，值得注意的是，新冠肺炎疫情之下扩大现有数字和金融普惠鸿沟方面的风险不仅适用于一个国家内个别类别的弱势公民，也适用于同一区域内不同国家之间。西非就是一个很好的例子，加纳和多哥等一些国家通过改革数字金融的监管框架和投资移动驱动的G2P转账来应对疫情，而其他国家则最终将其政策主要集中于其他领域。

坦桑尼亚桑给巴尔岛的移动货币代理商

些服务的客户提供各种更复杂的移动金融服务，如团体贷款、移动电子商务和资产融资。

目前，在一些发展中国家如孟加拉国、加纳、巴基斯坦、巴拉圭、赞比亚，移动货币客户往往极度依赖实体代理来实现套现套出、注册特定的服务、处理有关客户投诉等方面的问题，即几乎在柜台（Over-the-Counter，简称OTC）[①] 进行所有的金融交易。在客户数字金融知识水平低和对移动支付服务信任度低的情况下，代理驱动的模式可视作移动支付生态系统发展道路上的过渡模式[②]，需要实际的代理人来帮助客户浏览选用并熟悉使用相关的产品。

理想的情况是，随着时间的推移，客户有了更高的移动钱包拥有率[③]，这将刺激现有模式向完全数字化、基于账户的移动货币模式发展。在这种模式下，客户将非常了解并有能力使用各种数字金融服务，而无需代理人的干预或帮助。基于账户的模式是轻现金生态系统的基础，在这种生态系统中，完全数

---

① 当一项交易由代理人的账户代表客户进行时，该交易被认为是OTC。当提供者出于商业和监管的原因故意选择实施OTC策略时，OTC服务可以被正式提供。此外，尽管受到金融监管框架的禁止，OTC也可以通过非正式途径提供服务。

② 请注意，将代理驱动的模式描述为迈向完全数字化生态系统的垫脚石是一种理想的表述。在现实中，问题的关键在于实现数字化交易和套现套出交易之间的适当平衡，以及在一个缓慢但逐渐数字化的过程中，两种交易模式如何以最佳方式共存。

③ 当然，再加上更快速、更可靠的连接，更实惠的移动数据访问，以及最重要的是更多的数字支付接受点。

字化的交易（如从移动钱包到另一个数字目的地）将逐渐比套现套出交易更加重要。这些模式对于移动支付生态系统的可持续发展至关重要，主要体现在：提供了整体更佳的客户体验，提高了移动货币运营商的服务忠诚度和盈利能力，最重要的是为客户提供了更大的金融授权和普惠性（GSMA，2018b）。

在疫情期间，过度依赖实体代理和场外交易显然会适得其反：在封锁期间，移动货币客户与数字金融生态系统的实际联系被切断了，客户无法自行交易，一方面是因为他们不知道如何进行，另一方面是因为他们的名下没有账户；而当封锁限制放宽时，依靠实体代理来进行移动支付交易的需求会带来额外的健康和安全风险。其次，在移动支付生态系统登记的移动钱包拥有率较高且不主要依赖代理人的情况下，基于数字化G2P转账的社会保护计划更容易实施[①]。最后，利用客户移动支付行为的大数据来组织应对新冠肺炎疫情，只有在高度数字化的移动支付系统中才是可行的，如2.1节所述的中国情况。

从长远来看，新冠肺炎疫情是否会刺激中低收入国家的移动支付生态系统向基于账户的模式发展且更加依赖完全的数字化交易，还有待观察。事实上，从全球范围来看，对柜台交易的依赖在疫情之前便已经在减少（图7-1、图7-2），尽管在一些发展中国家，如孟加拉国、柬埔寨、缅甸、巴基斯坦和乌干达，这种类型的交易仍然是客户交易行为的主要形式 [金融普惠洞察（Financial Inclusion Insights），2020]。

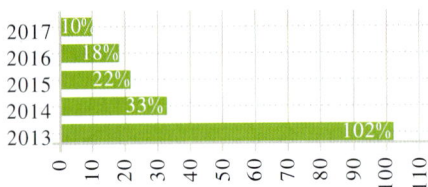

图7-1　全球柜台增长率的变化（%）

资料来源：GSMA，2018b。

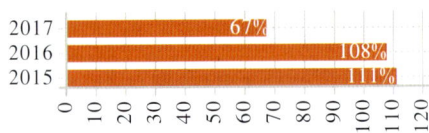

图7-2　进行柜台交易的非注册客户/注册
客户总数（%）

资料来源：GSMA，2018b。

如果政策制定者和金融机构不进行大量投资以超越基于柜台模式，中低收入国家的数字金融生态系统就有可能陷入所谓的"柜台陷阱"，这意味着供应商被锁定在柜台模式中的时间过长，又没有实质性的直接激励措施来提高移动钱包的拥有率水平，从而阻止了向完全数字化、基于账户模式的演变（Lagos Shemin，2020）。在这个意义上来讲，新冠肺炎疫情可以看作政策制定者和金融机构的一个转折点，不仅推动了这些利益相关方合作实施措施，而且

① 然而，在移动钱包拥有率较低的情况下，也有一些为应对疫情而实施的移动驱动G2P转账方案的典型案例，如第5.1节所述的巴基斯坦EEC项目。

促进了更广泛人群的账户注册和完全数字交易。

除了本书中已经介绍的促进移动钱包拥有率提升的各种措施外，还应注意：制定国家公共政策以指导数字金融生态系统向轻现金模式的演变是在国家层面超越代理驱动模式的关键一步。近期加纳政府的实施经验就是一个很好的例子，该政府在新冠肺炎疫情暴发后（2020年5月）推出了一套量身定做的政策和指导方针，以指导国家数字金融生态系统的发展（插文7）。

**插文7　近期加纳通过政策干预推动数字金融服务的经验**

2020年5月，加纳政府推出了一项雄心勃勃的**数字金融服务**（Digital Financial Services，简称DFS）**政策**，其主要目标是发挥和促进数字金融服务的潜力，并将其作为在国家层面实现金融普惠和经济赋权的工具。该政策是在世界银行扶贫协商小组（CGAP）和瑞士国家经济事务秘书处的支持下制定的，确定了一项为期4年的框架（2020—2023年），以在6个核心领域取得实质性进展：①完善数字金融服务生态系统的治理；②支持金融科技公司的发展；③创建有力的数字金融生态系统监管框架；④创建有效的金融服务生态系统监管框架；⑤支持数字金融服务市场基础设施的建设；⑥推动数字支付使用案例的扩展（加纳政府，2020a；Buruku，2020）。

数字金融服务政策描绘了在国家应对新冠肺炎疫情的措施中的大量应用机会。例如，它详细说明了**如何将国家生物识别数据库链接到加纳邮政的全球定位数字访问系统**，以促进移动货币客户的远程注册。数字金融服务政策还呼吁实施监管"沙盒"，以便在市场上试行引入创新的数字金融服务，同时还提供了促进政府对个人（G2P）和个人对政府（P2G）数字化支付的行动领域。

在该政策的支持下，政府还在优于现金联盟的支持下发布了数字支付路线图，旨在引导加纳金融生态系统机构向普惠性的轻现金模式转型，无论是G2P、P2P、企业对客户（B2C）还是其他类别的支付全部使用数字化，实现了**全面支付数字化**的宏伟目标。在这一进程中还进行了数字金融生态系统的立法改革和数字金融消费者保护的全面监管（加纳政府，2020b）。

## 7.2　对政策制定者的建议

以下章节提出了一系列与数字金融服务的设计和使用有关的一般性建议，以及在发展中国家和新兴经济体中促进数字金融普惠性的政策。这些建议针对政策制定者、发展机构和金融机构，目的是帮助他们在疫情期间制定和完善决策提供一些贡献和思考。其中大部分内容在未来应对其他类似新冠肺炎疫情产生广泛影响的大规模危机时具有借鉴意义。

虽然不言而喻但值得注意的是，从数字金融使用和普惠金融的角度来看，没有任何政策组合能够完美应对新冠肺炎疫情。有效的政策应对是一个视情况而定的迭代过程，需要根据新冠肺炎疫情的不同阶段及其对经济和社会影响的演变来调整和完善。然而，仍然有证据可以证明在不同背景下一些中低收入国家的经验在减轻疫情的影响的某些方面发挥了一定作用。

首先关注相对较小、但至关重要的监管调整：在着手实施从根本上创新国家数字金融生态系统，以适应并加强对疫情和未来其他危机抵御能力的长期计划和战略之前，政府应首先评估哪些是监管调整方面最有效的"速赢"措施，即那些对国家数字金融监管框架进行的既直接又具有成本效益的临时性和永久性的调整，这些调整极有可能减轻疫情对经济方面的一些影响。本书提到了多个政府在新冠肺炎疫情后采取了类似举措的案例，如：肯尼亚和加纳已经免除了移动货币交易的费用，并提高了交易限额，以促进数字支付的使用；巴基斯坦放宽了注册客户要求，以方便移动货币客户的远程注册；赞比亚宣布移动货币运营商代理为"基本服务"，以使在封锁期间继续运行。因此，政策制定者应在得到发展机构支持的情况下，对当前的监管框架进行精确评估，确定数字金融生态系统的具体痛点和快速解决方案，争取在短期内可以缓解疫情带

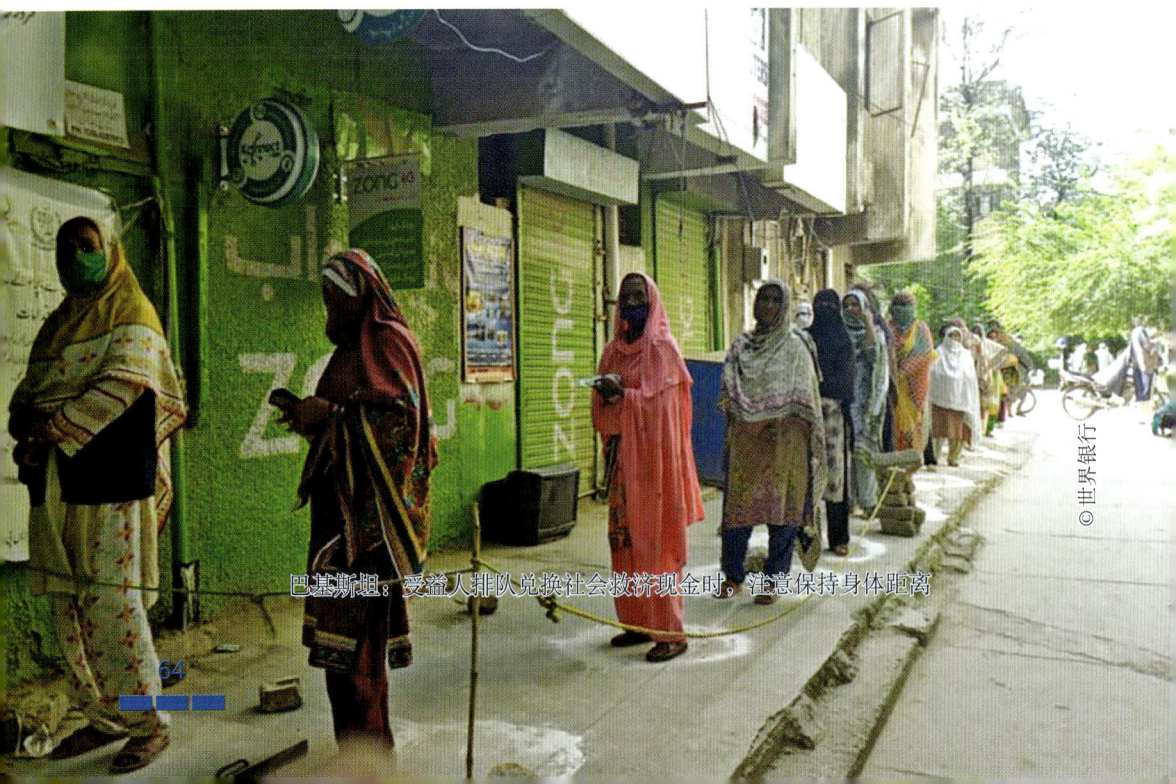

巴基斯坦：受益人排队兑换社会救济现金时，注意保持身体距离

©世界银行

来的一些负面影响。

确保数字金融供应商之间有一个公平的竞争环境：从宏观角度看，为确保应对疫情引起的金融数字化以普惠和公平的方式加速转型，最好为所有商业银行、移动网络运营商、金融科技公司、金融合作社以及其他供应商等参与移动和数字货币市场的机构引入标准化监管框架[①]。这对于向数字金融供应商提供一个"公平的竞争环境"市场至关重要，从而确保不会只维护某个特定供应商的经济利益。

例如，尼日利亚和埃及等在移动支付扩展潜力方面被认为是"沉睡巨人"的国家，将提供移动支付服务的授权仅限于主要商业银行等少数类型的机构，这导致市场投资水平降低，创新产品和服务减少，遏制了移动支付的增长（GSMA，2019）。从2018年开始，这两个国家都进行了改革，试图将移动支付的潜力作为普惠金融的关键驱动力，允许电信公司作为服务供应商进入这个市场。

即使是那些在数字普惠金融方面相对先进的国家，仍然存在严重的监管失衡，影响了不同类型移动货币运营商之间的竞争。最近，在中低收入国家有一些有望实现监管改革、试图去平衡这些扭曲状况的案例。例如，在乌干达，电信公司完全主导了移动支付市场，它们被要求与商业银行合作以获得移动货币运营商许可证，并将其移动钱包中的余额存放在合作银行的托管账户中。直到最近，模糊的监管框架和缺乏竞争监管制度导致移动货币的竞争力受到损害，乌干达的中央银行和国家电信管理局共同承担监督职责。2020年5月，乌干达通过了一项很有前景的法案，不仅为移动金融服务提供统一的监管，而且将整个市场置于中央银行的管辖之下。埃塞俄比亚是另一个典型案例，该国政府在2020年4月推出了一项监管改革，允许当地非银行利益相关方如电信公司在适用于所有市场参与者的标准化许可制度框架下，首次向普通民众提供基本的移动货币服务，这项改革将对移动货币的使用和数字普惠金融产生积极影响。

总体而言，确保公平监管与移动货币市场的充分竞争和创新之间适当平衡，发展坚实的数字金融生态系统，以及提高弱势群体和无银行账户群体的普惠性，是政策制定者优先考虑的事项，以期使全体人口更有抵御能力来准备好应对未来类似新冠肺炎疫情的灾难性危机。

以适当的金融消费者保护措施来配合数字化工作：无论是支付、转账、信贷还是储蓄，任何促进金融服务数字化的政策或方案的努力都应伴有政府主导的、

---

① 在一些中低收入国家，实施这种标准化的监管框架是不可能的，因为这些国家几十年来的监管和市场扭曲已经导致形成了不同类型金融机构之间竞争失衡的局面。尽管如此，该建议有助于逐步和灵活地缓解那些市场上出现的阻碍新型数字金融服务供应商的具体监管和政治限制。

旨在加强金融消费者保护的政府主导的实质性干预措施，这对促进普通民众信任和接受此类服务至关重要。这些措施应以政府为主导，并且针对所有类型的数字金融服务提供明确和可执行的规则，如一线工作人员的薪酬数字化支付。

可以采取多种形式落实这些举措：修订专门应对金融网络犯罪的金融监管框架；创建或任命一个专门用于保护数字金融部门的监督性公共实体；实施专门的申诉和争端解决机制；确保客户使用的数字界面简单、易操作以避免操作失误和诈骗现象的发生；在正式提供数字金融服务时要制定并符合严格的透明度和披露等制度要求。总的来说，需要让用户能够正确理解和减轻他们在接受新的数字金融服务时面临的风险，同时尽量减少他们的潜在损失（优于现金联盟，2016）。

赞比亚：金融科技公司LifePay的代理商，该公司是受益于联合国资本发展基金的Fintech4You加速器计划的初创公司

疫情之下，数字化进程越是加快，政策制定者就越是应该及时采取这些金融消费者保护措施①。正如过去的证据所显示的那样，在发展中国家提供的数字金融服务迅速增加的过程中，必然伴随着欺诈、诈骗、掠夺性贷款和身份盗窃事件的增加，这些事件利用和针对的是普通公民对这些产品的陌生性，最终导致实施数字化的失败。

---

① 秘鲁近期在疫情后改革金融消费者保护框架。该国在2020年7月实施了一些措施，以保护受疫情影响的借款人免遭金融机构滥用职权的行为，并允许他们因紧急状态而从贷款重组和替代偿还协议中受益。

**开发监管沙盒以测试政策和产品**：从长远来看，为使数字金融生态系统更加成熟、更具普惠性和外部冲击适应性，发达国家和发展中国家的监管机构都制定并实施了监管沙盒，允许金融科技公司在受控环境和监管机构的严格监督下，试验和试点生物识别、基于区块链的汇款、数字 KYC 和替代信用评分等新产品和商业模式。近年来，肯尼亚、莫桑比克、卢旺达、泰国和塞拉利昂等一些中低收入国家政府实施了这样的计划，通过促进竞争或制定新技术指南和标准等措施以努力实现一系列具体目标。然而，从全球范围来看，相对而言，很少有沙盒专门侧重为促进服务不足或被排斥的客户群体开发金融普惠性的解决方案。

在应对新冠肺炎疫情期间，监管沙盒可用于测试创新服务和商业模式，以解决金融客户因疫情所面临的特定挑战和痛点，并确保为金融消费者提供充分的保护措施。在这方面，值得注意的是，根据CGAP最近的一项调查，大约30%的监管沙盒项目以从事基于加密货币的解决方案的支付服务创新金融科技公司为主导，而这些公司往往拥有最丰富的可应用于应对疫情的实例（Jenik、Duff 和 de Montfort，2019）。

此外，最近的研究还指出，监管沙盒在实施和维护方面存在巨大挑战，这可能会使投保人倾向于采用其他工具来促进金融科技创新。这些挑战包括：监管沙盒可能相当昂贵，需要多达25名全职员工和25万至100多万美元的专用资源；此外，监管沙盒还带来了相当大的后勤挑战，例如如何确保不同的金融科技公司公平地进入沙盒（Yalla 和 Rowan，2020；Appaya 和 Jenik，2019）。其实，近年来政策制定者已经成功地尝试了其他类型的平台，以促进数字金融创新，例如：

- **创新中心**：专门负责向试行和提供创新服务的金融服务供应商提供支持、指导和说明，帮助这些服务供应商试图应对他们所处的数字金融生态系统的复杂监管和法律问题。它们的形式和结构可能因监管机构的目标不同而有很大差异：例如，马来西亚的数字金融创新中心和印度尼西亚的OJK数字金融技术创新中心已与金融领域以外的其他利益相关方建立了创新中心，除了提高监管透明度，还使得包括金融机构、金融科技初创企业和学术界在内的服务供应商可以通过制定联合解决方案进行合作。

- **监管加速器**：这些方案促成了金融科技公司和政策制定者在促进共享技术领域的创新合作，最常见的是解决预定义的实例中的问题。例如，在菲律宾，中央银行在2017年推出了聊天机器人解决方案，允许金融客户通过手机应用程序或短信进行投诉。该方案在数据质量、问题解决的精确性、改善客户体验、客户投诉处理速度等方面有很大益处。支持菲律宾中央银行实现这一创新的金融科技公司是通过一个名为监管科技加速器（RegTech for Regulators Accelerator）发起的竞争性项目选出，该加速器成立于2016年，得到了比尔及梅琳达-盖茨基金会、奥米迪亚网络和美国国际开发署的支持（Appaya，Luskin Gradstein 和 Mathurin-Andrew，2020）。

**提高消费者的认识和教育**：对于政府、发展机构和行业领导者来说，在民众中推广消费者教育计划和宣传活动是推动数字金融服务得到广泛使用和信任的重要步骤。这些举措也是鼓励客户摆脱代理协助交易而成为活跃的移动钱包用户，以及确保预防现有欺诈和处理投诉等机制顺利运行的有效措施。从私营部门角度来看，赞比亚的MTN公司在疫情之后发起的"没有现金，没有细菌，使用MoMo"活动，通过宣传活动让民众广泛参与，同时提高交易和余额限制，以促进移动货币的广泛使用（Lagos Shemin，2020）。

另一个典型的案例已经在第3.1节中介绍过了，它展示了在塞拉利昂的埃博拉疫情中对一线工作人员进行数字化支付薪酬项目的效果。在项目开始时，由于缺乏对移动支付服务的熟悉和信任，工作人员通常在收到移动支付后立即兑现，转而进行现金交易。因此，他们没有积极地将收到付款的账户作为移动钱包使用，也没有使用这些移动账户来获取其他数字金融服务。为了改变这种情况，这些工作人员接受了金融消费者教育课程，变得更加相信并意识到以数字形式将钱存在移动钱包中的好处（优于现金联盟，2016）。

提高金融和数字教育水平也是国家层面保护普通民众的根本举措，使他们免受欺诈、诈骗、掠夺性贷款和身份盗窃等数字金融服务快速推进中可能带来的最直接风险。

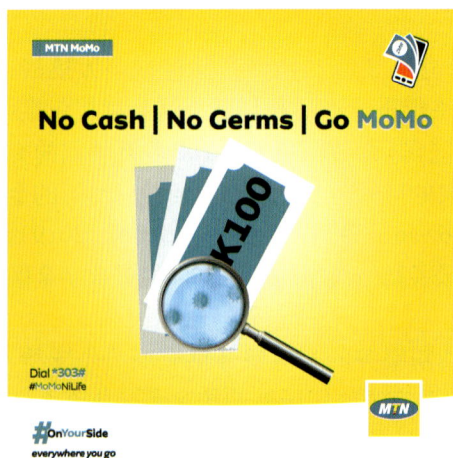

没有现金，没有细菌，使用MoMo

**加强现有移动货币运营商代理网络的弹性**：新冠肺炎疫情之下，由于代理点的长期封锁和关闭导致相关收入急剧下降；套现套出交易需求的减少；疫情暴发后客户急于取款对代理商造成的流动性压力；代理人在工作场所面临的传染风险增加等因素，移动货币运营商代理网络的弹性以及代理本身的正常运行都受到了威胁。对于许多没有其他渠道获得金融服务的弱势社区（尤其是农村社区）来说，移动支付代理是一条生命线，也是登记受益人将其纳入数字G2P支付计划的重要工具。因此，保证这些代理人的健康、生计和复原力是政策制定者和移动货币运营商应当首要考虑的问题。想解决这个问题也许要面临

非专职代理提供移动支付服务，作为核心业务的补充收入来源（如药店、杂货店）

相当大的挑战，因为决策者和移动货币运营商需要同心协力，确保代理人能在安全的工作场所开展工作，具备工作和谋生相适应的能力（Theodorou，Chege和Warnes，2020）。

在此提出一些政策和制度上的建议，以促进移动代理网络在疫情期间保持弹性和强度，其中许多建议在近期国家层面的实例中可得到验证：

- 将移动货币运营商代理设置为"基本服务"：一些观察员[1]指出，这是一个可以确保移动货币网络客户们在封锁期间不会突然与其脱离，从而保持其持续运作和盈利的重要步骤。尽管由于监管不明确，地方当局难以决定是否将那些同时提供金融和非金融服务的代理视为基本服务，如杂货或办公用品的"非专用"代理，但赞比亚和印度等国家在疫情暴发后还是实施了这一措施（Hernandez 和 Kim，2020）。

- 鼓励向代理人提供紧急免息贷款：政策制定者可以鼓励金融机构向移动货币运营商提供无息快速贷款，以帮助他们缓解因需求激增而在业务上必然面临的相关流动性紧缩，渡过疫情。这意味着要确定并选择那些最好能够通过移动渠道向代理人迅速提供流动性的金融机构，并补贴或支持这些金融机构的信贷供应活动。近期一些创新金融科技公司的例子可以佐证，如乌干达的Flow公司，该公司明确向面临现金短缺的代理商和店主提供即时电子货币预付款，利用其移动货币交易的业务数据做出信贷决定（Rothe，2020）。

---

[1] 关于这个问题，请参考 Hernandez 和 Kim, 2020; Theodorou, 2020; Okai, 2020。

● **慎重考虑如何实施费用减免**：正如第4.2节所述，政府在实施移动交易的费用减免时，包括免除与P2P交易、银行到钱包和钱包到银行交易以及跨网络交易的相关费用，应特别注意避免对移动货币运营商的生计问题产生严重的连锁反应，以有效鼓励在疫情期间的数字支付。商业银行以存款为中介，而与商业银行不同，对大多数移动货币运营商而言，交易费是运营流动资金的核心来源。如果长期减少这一来源的收入，会严重威胁到移动货币运营商的运营可持续性，以及在面临数字G2P支付计划的大规模交易迅速飙升时维持代理网络的能力[①]（Theodorou，2020）。

因此，政策制定者只能将这种费用减免措施作为临时性措施，作为疫情暴发后鼓励使用数字支付的第一反应，同时与移动支付行业的所有主要利益相关方协商，定期（如每月）审查与继续实施该措施相关的权衡因素。此外，政策制定者还应该考虑将减免费用限制在一定的交易门槛内，以确保能够真正惠及受疫情影响的弱势群体，而不是鼓励较富裕的个人利用豁免权进行大规模交易（GSMA，2020b）。

## 7.3  对发展机构的建议

**促进政府间的跨国经验交流**：本书提供的例子只是少数发达国家和发展中国家政府在应对这场疫情以及过去危机中取得的非常多样化的成功经验。诸如塞拉利昂针对埃博拉疫情对一线工作人员进行薪酬数字化支付，或加纳最近进行的数字金融空间改革等案例研究，为其他中低收入国家提供了多种可复制的元素和启发，这些国家目前正在寻求通过有针对性的政策改革和创新使用数字金融服务来应对新冠肺炎疫情的方法。除了本书的案例及建议外，还有无数的案例经验和教训启示值得在国际社会中共享，以推动数字金融应对新冠肺炎疫情的统一化。从这个意义上，发展机构可以在促进各国政府间的经验交流，推动思想、经验教训和案例研究的分享合作等方面发挥重要作用。

**启动数字创新加速器和竞赛**：在与数字金融领域的利益相关方（如政策制定者、移动货币运营商、基金会、影响力投资基金、天使投资人）建立新的和现有的伙伴关系中，发展机构可以为其提供财政和技术资源，在国家和区域层面启动数字创新加速器、孵化器、黑客马拉松和竞赛，并将这些活动明确侧重于识别、选择和促进金融技术初创企业的发展，这些企业的产品和创意将激发全球应对新冠肺炎疫情的巨大潜力，并在实践中传播经验。这种方式将有可能促进一系列新的数字金融解决方案的发展，以设法应对疫情造成

---

[①]  事实上，根据GSMA（2014）的研究，代理管理和佣金占移动货币运营商运营成本的最大份额。

的不利影响。

最近由联合国资本发展基金、大都会人寿基金会和新加坡金融科技节在2020年3月发起的一项名为新冠肺炎金融健康挑战的倡议便是一个例子。该倡议旨在确定能够保护消费者尤其是最脆弱消费者财务健康的解决方案和商业模式，帮助他们提高抵御外部冲击的能力，从而使他们能够做出更明智的财务决策，并在面临新冠肺炎疫情造成的破坏时仍可照常实现财务目标。该挑战赛是由APIX平台主办的一个数字创新平台，其目标是催化数字创新和推动普惠金融。入围的候选人能够参加一个为期6周的计划，在行业专家的支持下进一步完善和拓展他们的思维。在该计划结束时，他们将有机会获得10 000美元的资助，在拓展思维的同时获得进一步的技术援助和指导。被选中的优胜者将有机会在联合国资本发展基金和大都会人寿基金会的支持下，在中国和马来西亚进行创新试验（Khor，2020）。

建立跨部门和跨机构的团队：在新冠肺炎疫情期间推广数字金融服务只是多种应对疫情战略中的一部分，它实际上包括了与国民的安全和生计有关的方方面面，如健康、社会保护、抗冲击能力、经济赋权等。在这个意义上，数字金融领域发展机构开展的所有与新冠肺炎疫情有关的规划性工作，无论是技术援助、政策建议、财政支持还是其他干预措施都应该明确将其作为跨学科团队和协调单位的一部分，与提供其他类型专业知识的部门机构协同推进，以确保对此类全方位、多层面的疫情能够做出适当、综合的应对策略。

这些特别工作组可以根据特定的重点区域，或参考农业、社会保护或女性复原力等广泛多样的宏观因素而设立，最终目的是制定适当的、与数字金融使用相关的应对新冠肺炎疫情的创新解决方案。这些工作组应具备灵活工作和相互协作的条件，响应由不同主要发展机构代表组成的中央协调机制，并与能够支持提供财政和技术资源的强大捐助者和实地执行伙伴（包括公共和私人）相匹配。

## 7.4　对金融机构和移动货币运营商的建议

对机构数字化的进程进行投资：对许多金融机构来说，这场新冠肺炎疫情对他们在数字服务的使用和需求突然激增的实际准备情况进行了"现实检验"（Marous，2020）。在疫情暴发后，许多中低收入国家的金融服务供应商在数字能力和客户体验方面感受到了相当而且往往是过度大的压力，因为客户与金融机构的所有远程互动渠道，如呼叫中心、移动应用程序、在线平台和社交媒体都超负荷运转。图7-3显示了客户对远程互动渠道偏好的转变，显示了凯捷研究所（Capgemini Research Institute）于2020年4月在11个国家的金融消费者中进行的大规模调查结果。可以看出，客户与金融机构的互动方式明显转向移动应用程序、网上银行等其他远程渠道，而非银行分支机构和自动取款机（ATM）。

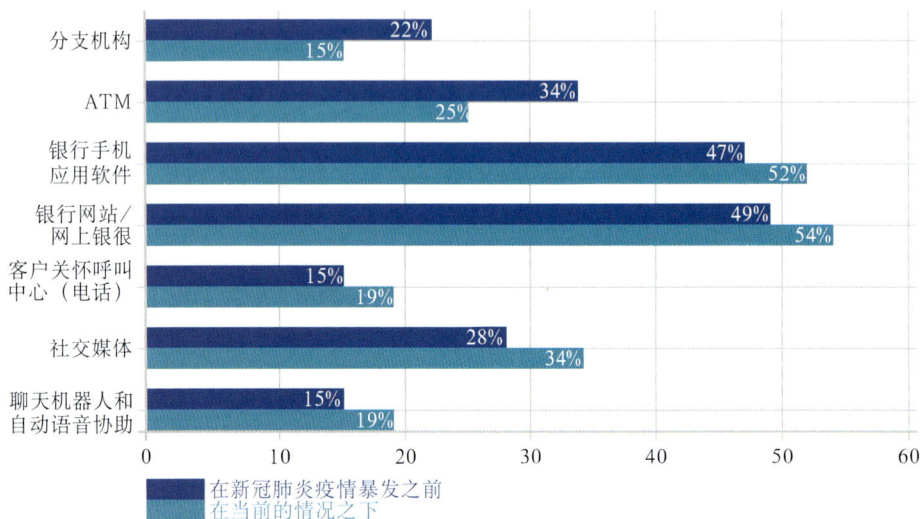

图7-3　新冠肺炎疫情前后银行处理业务媒介占比变化

资料来源：凯捷研究所，2020。

对于金融机构来说，新冠肺炎疫情是重塑流程和结构，促进内部和外部数字化进程的一个转折点，并使其在疫情后的世界中保持竞争力。事实上，来自中低收入国家的初步数据已经表明，金融机构正通过对系统的进一步数字化转型进行大量投资来应对这场疫情。在牛津商业集团（2020b）对281家非洲公司进行的调查中，超过3/4的受访金融机构首席执行官表示，他们正在投资技术解决方案，以在疫情期间保持业务的顺利运行，而且疫情将导致金融机构的重大数字化转型，甚至在疫情结束之后也是如此。

然而，应该注意的是，有几个关键挑战制约和减缓了在发展中国家和新兴经济体中金融机构的数字化转型进程，特别是小额信贷机构与商业银行相比，已经在该领域远远落后。比利时发展中国家投资公司最近一项对15个中低收入国家的27家金融机构的调查显示，所有受访的小额信贷机构都表示，他们缺乏机构知识和人力资源（HR）能力，限制了他们推动内部和外部数字化进程的能力。从图7-4可以看出，这一首要问题因小额信贷机构自身IT系统的局限性、当地监管金融框架带来的限制，以及报道中经常提及的普遍缺乏可用于实施此类数字化转型进程的资金等障碍而变得更加复杂（Schicks，2020）。

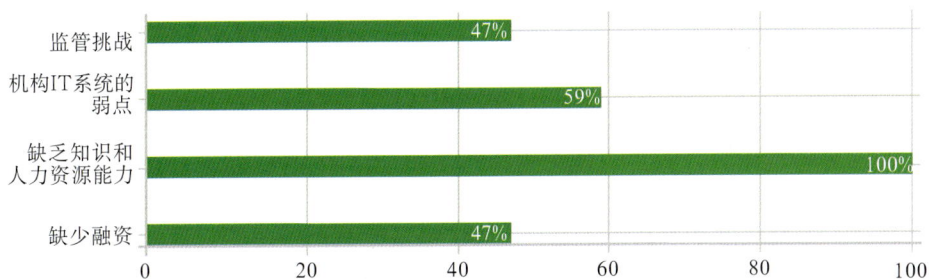

图7-4 非商业银行（小额信贷机构和少数租赁公司）在数字化方面的挑战

资料来源：Schicks，2020。

**开发适应新需求的针对性金融服务**：虽然新冠肺炎疫情使得金融部门遭受了广泛干扰，但是也为金融机构、移动货币运营商和金融科技公司提供了开发创新金融产品和解决方案的大量机会，这既能有效应对疫情带来的痛点，也能抓住疫情带来的新趋势。本书对其中的几个问题进行了分析：在保持身体距离的基础上获取金融服务的客户需求；电子商务的增长；中小微企业对短期信贷的高需求；以前未选择数字金融行业的新客户类别的崛起等。这里以"联通卡"（插文8）和"拯救我的本地企业"（插文9）为例，展示了金融科技公司和金融机构为应对新冠肺炎疫情的独特限制性特征，如封锁、保持身体距离和业务中断，而开发的简单有效的想法。

**插文8 代他人进行必要的采购：联通卡**

为了满足隔离期间自我隔离客户的财务生活需求，英国斯塔林银行在2020年4月推出了联通卡，这是一张连接到斯塔林银行客户现有账户的第二张借记卡，可以由客户交给家庭成员或值得信赖的朋友，在客户自我隔离期间代表客户（只在商店，不在网上）进行消费。该卡的余额上限为200英镑，其交易可以通过银行应用程序轻松跟踪和管理（Patel，2020）。

这一创新相当方便，特别是对于如老年人等某些不熟悉或无法接触电子商务的客户，他们不得不依靠他人在当地零售店代为购买必需品。这一创新已被其他英国银行迅速采纳和复制，如国民西敏寺银行和苏格兰皇家银行。

**插文 9　在封锁期间协助小企业的凭证系统：拯救我的本地企业**

英国金融技术应用 Curl 的一群志愿程序员提出了一个在新冠肺炎疫情期间使用数字支付系统支持小企业的有趣想法。2020 年 4 月，Curl 推出了一个名为"拯救我的本地企业"的免费网站试点，小企业可以在该网站上创建产品的代金券并向忠实客户出售，全程在网站上实现，以便在短时间内产生这些企业在疫情中生存所急需的现金流。而这些产品将在疫情结束后提供给那些购买了代金券的人，与此同时，消费者还可以给青睐的小企业捐款以帮助它们渡过危机。

新冠肺炎疫情之下，有进取心的金融机构可以抓住机会超越竞争对手并接触新客户群，具体可以通过开发定制因疫情产生的新需求趋势服务产品来实现。图7-5 展示了凯捷研究所调查的更多结果，<u>说明大量的金融消费者已经转向新的金融供应商</u>，或对他们现有的金融供应商进行补充，以获得能够抵御新冠肺炎疫情的特定金融服务。大量的消费者尤其是年轻消费者群体转换或补充了供应商，这表明创新的金融机构已经与受疫情影响的新一波客户建立起强大的客户忠诚度，将拥有很大的发展潜力，甚至在疫情结束后也依然可以持续下去（凯捷研究所，2020）。

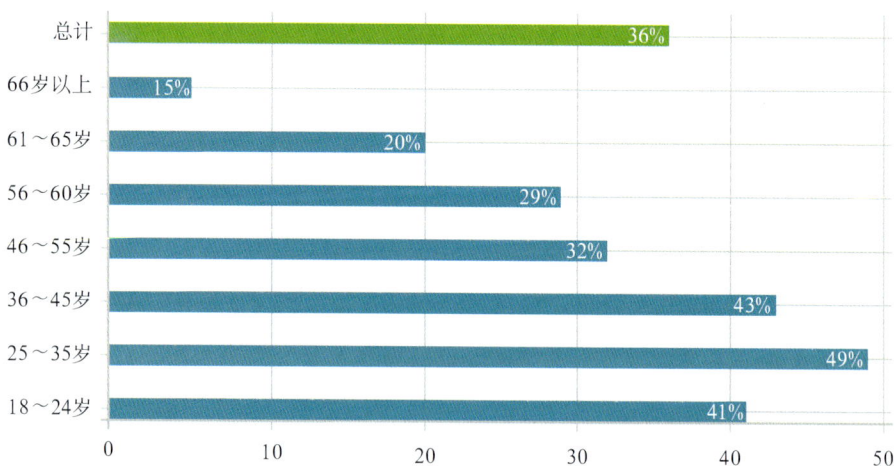

图7-5　调查情况

资料来源：凯捷研究所，2020。

**重新审视客户首次接触方针**：即使在那些移动支付技术使用相当广泛的发展中国家和新兴经济体中，无论注册或其他服务相关的任何后续互动是否完全数字化，金融机构通常仍要求客户到实体网点或实体代理处进行新账户注册或其他服务。在疫情期间，由于人们被迫封锁，银行分支机构全部关闭，金融机构必须重新审视与客户首次接触的方式，包括开户、申请贷款以及其他互动，以确保无需面对面就能建立金融关系（Marous，2020）。

根据最近的数据显示，由于新冠肺炎疫情的暴发，消费者越来越倾向于采用远程的、数字化的注册方式来开设银行账户（图7-6）。金融机构需要通过不同的干预角度进行鼓励和促进数字注册，例如：

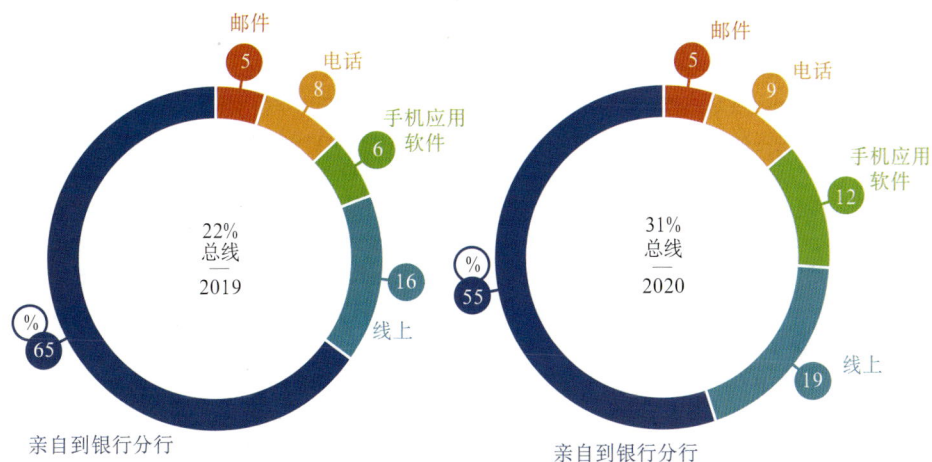

图7-6　消费者近期开设银行账户的途径

资料来源：Marous，2020。

- 重新评估相关内部政策，特别是那些不允许与实体分支机构无接触的情况下建立任何形式的新支票、储蓄或贷款关系的政策。
- 简化新数字客户的注册，既要简化相关流程，又要改善客户与代理人之间的远程互动体验。
- 修订所有后台业务，尽可能推动数字化转变，以支持与数字化客户建立新的关系，并在金融机构的内部系统中实施无缝集成①（Marous，2020）。

---

① 无缝集成是指一个应用程序或硬件的新模块或功能被添加或集成的过程，而不会导致任何可察觉的错误或复杂情况。这意味着，无论对一个系统进行何种改变，都不会因集成而产生任何负面影响。

# 参考文献 | REFERENCES

**Abara Benson, E.** 2020. CBN waives guarantor requirement for N50 billion COVID-19 loan applications. *Nairametrics,* 8 June 2020. (also available at https://nairametrics.com/2020/06/08/cbn-waives-guarantor-requirement-for-the-cbnn50-covid-19-billion-targeted-credit-facility/).

**ACI Worldwide.** 2020. Nearly half of Indian consumers are more concerned about risk of payments fraud due to COVID-19 crisis. *ACI Worldwide,* 13 May 2020. (also available at https:// www.aciworldwide.com/news-and-events/press releases/2020/may/nearly-half-of-consumers-aremore-concerned-about-risk-of-payments-frauddue-to-covid-19-crisis).

**Asian Development Bank (ADB).** 2020. *COVID-19 impact on international migration, remittances, and recipient households in developing Asia.* ADB Brief n. 148, August 2020. Manila, Philippines.

**Adesina, O.** 2020. Africans using mobile payments to curb COVID-19. *Nairametrics,* 26 March 2020. (also available at https://nairametrics.com/2020/03/26/africans-using-mobile-payments-to-curb-covid-19/).

**Alliance for Financial Inclusion (AFI)**. 2020. *Africa mobile agent sustainability crucial for last mile.* Kuala Lumpur, Malaysia.

**Aker, C., Boumnijel, R., Mcclelland, A. & Niall, T.** 2011. *Zap it to me: The short-term impacts of a mobile cash transfer program.* Center of Global Development Working Paper 268. Washington, DC, Center of Global Development.

**Akoda, S.** 2020. New digital credit platform Yolim has $10 million in stock for Togolese farmers. *TogoFirst,* 29 July 2020. (also available at https://www.togofirst.com/en/agriculture/2907-6015-newdigital-credit-platform-yolim-has-10-million-instock-for-togolese-farmers).

**Amundsen, I. 2020.** *Covid-19, cash transfers, and corruption: Policy guidance for donors.* U4 Brief 2020:9. Bergen, Chr. Michelsen Institute.

**Aneja, A. & Islam, S.T.** 2020. *Bangladesh faces a crisis in remittances amid COVID-19.* New York, United Nations Capital Development Fund.

**Appaya, S. & Jenik, I.** 2019. *Running a sandbox may cost over $1M, survey shows.* Washington, DC, Consultative Group to Assist the Poor.

**Appaya, S., Luskin Gradstein H. & MathurinAndrew, T.** 2020. *Fintech can help in the response to COVID-19. But where should policymakers start?* Washington, D.C., World Bank Group.

**Auer, R., Cornelli, G. & Frost, J.** 2020. *Covid-19, cash, and the future of payments.* Bis Bulletin no. 3. Basel, Bank for International Settlements.

**Babatz, G.** 2013. *Sustained effort, saving billions: Lessons from the Mexican government's shift to electronic payments.* Evidence Paper: Mexico Study. New York, Better Than Cash Alliance.

**Balch, O.** 2020. Are digital payments COVID winners? *Raconteur,* 10 May 2020. (also available at raconteur.net/finance/digital-payments-covid-19).

**Banerjee, A.V. & Duflo, E.** 2019. *Good Economics for Hard Times: Better Answers to Our Biggest Problems.* New York, PublicAffairs.

**Banerjee, A.V. & Duflo, E.** 2020. Coronavirus is a crisis for the developing world, but here's why it needn't be a catastrophe. *The Guardian*, 6 May 2020. (also available at https://www.theguardian.com/ commentisfree/2020/may/06/vulnerable-countries poverty-deadly-coronavirus-crisis).

**Baur-Yazbeck, S., Chen, G. & Roest, J.** 2019. *The future of G2P payments – Expanding customer choice.* Washington, D.C., Consultative Group to Assist the Poor.

**Benni, N., Berno, D. & Ho, H.** 2020. *Agricultural finance and the youth: Prospects for financial inclusion in Kenya.* Rome, FAO. 88 pp.

**Berfond J., Franz Gómez S., Navarrete, J., Newton R. & Pantelic A.** 2020. *Capacity building for governmentto-person payments: A path to women's economic empowerment.* New York, Women's World Banking, Fundación Capital, Bill & Melinda Gates Foundation.

**Berman, G., Carter, K., Herranz, M.G. & Sekara, V.** 2020. *Digital contact tracing and surveillance during COVID-19: General and child-specific ethical issues.* Innocenti Research Brief 2020-11. Geneva, United Nations Children's Fund.

**Better Than Cash Alliance.** 2016. *Saving Money, Saving Lives A Case Study on the Benefits of Digitizing Payments to Ebola Response Workers in Sierra Leone.* New York.

**Bill & Melinda Gates Foundation, CGAP, World Bank Group, Women's World Banking.** 2020. *Digital cash transfers in times of COVID-19: Opportunities and considerations for women's inclusion and empowerment.* Seattle.

**Bourgault, S. & O'Donnell, M.** 2020. *Women's access to cash transfers in light of COVID-19 - The case of Pakistan.* Washington, DC, Center for Global Development.

**Bright, J.** 2020. *Africa turns to mobile payments as a tool to curb COVID-19.* TechCrunch, 25 March 2020. (also available at https://techcrunch.com/2020/03/25/african-turns-to-mobile-payments-as-atool-to-curb-covid-19/).

**Burt, C.** 2020. *Biometrics-backed mobile money and facial recognition markets to grow as everything goes contactless.* Biometric Update, 26 June 2020. (also available at https://www.biometricupdate. com/202006/biometrics-backed-mobile-money and-facial-recognition-markets-to-grow-aseverything-goes-contactless).

**Buruku, B.** 2020. *Ghana launches world's first digital finance policy amid COVID-19.* Washington, D.C., Consultative Group to Assist the Poor.

**Capgemini Research Institute.** 2020. *COVID-19 and the financial services consumer: Supporting customers and driving engagement through the pandemic and beyond.* Research Note, April 2020. (also available at https://www.capgemini.com/ wp-content/uploads/2020/05/COVID-19-and-thefinancial-services-consumer_V5.pdf).

**Capital Business.** 2020. KCB, Safaricom unveil Sh30bn mobile stimulus fund to cushion corona effects. Capital Business, 21 March 2020. (also available at https://www.capitalfm.co.ke/ business/2020/03/kcb-safaricom-unveil-sh30bn mobile-stimulus-fund-to-cushion-corona-effects/).

**Carboni, I. & Bester, H.** 2020. When digital payment goes viral: Lessons from COVID-19's impact on mobile money in Rwanda. *NextBillion,* 19 May 2020. (also available at https://nextbillion. net/covidrwanda-mobile-money/).

**Chandler, S.** 2020. Coronavirus drives 72% rise in use of fintech apps. *Forbes*, 30 March 2020.

(also available at https://www.forbes.com/sites/simonchandler/2020/03/30/coronavirus-drives-72-rise-in-use-of-fintech-apps/#6e1bce9066ed).

**Chin A.W.H., Chu J.T.S., Perera M.R.A., Huy, K.P.Y., Yen, H., Chan, M.C.W. & Peiris, M.** 2020. *Stability of SARS-CoV-2 in different environmental conditions. The Lancet Microbe,* 1(1): E10.

**Consultative Group to Assist the Poor (CGAP).** 2020a. *Relief for informal workers: Falling through the cracks in the COVID-19 crisis.* Washington, DC.

**CGAP.** 2020b. *Rapid account opening in a pandemic: How to meet AML/CFT rules for social assistance payments.* Washington, DC.

**Constantinescu, I.C. & Schiff, M.** 2014. Remittances, FDI and ODA: Stability, cyclicality and stabilising impact in developing countries. *International Journal of Migration and Residential Mobility*, 1(1):84–106.

**Davidovic, S., Prady, D. & Tourpe, H.** 2020. *You've got money: Mobile payments help people during the pandemic.* International Monetary Fund Blog, 22 June 2020. (also available at https://blogs. imf.org/2020/06/22/youve-got-money-mobile payments-help-people-during-the-pandemic/).

**De, S., Islamaj, E., Kose, M. & Yousef, S.R.** 2016. *Remittances over the business cycle: Theory and evidence.* KNOMAD Working Paper 11. Washington, D.C.: Global Knowledge Partnership on Migration and Development.

**El Expectador.** 2020. Ingreso Solidario se extiende hasta Diciembre de 2020. *El Expectador,* 25 June 2020. (also available at https://www.elespectador.com/noticias/economia/ingreso-solidario-seextiende-hasta-diciembre-de-2020/).

**Endo, J.** 2020. Digital payment grows in Philippines amid COVID-19 fears. *Nikkei Asian Review,* 19 July 2020. (also available at https://asia.nikkei.com/ Business/Companies/Digital-payment-grows-inPhilippines-amid-COVID-19-fears).

**Facebook, OECD & World Bank.** 2020. *The Future of Business Survey.* Menlo Park, USA.

**Fallouh, F.** 2020. *Will cash on delivery return post Covid-19?* Amman, WAMDA.

**Faridi, O. 2020.** Digital banking in Bahrain now seen as a necessity, not a "luxury" like before due to COVID-19, local fintech professional says. *CrowdFund Insider*, 21 May 2020. (also available at https://www.crowdfundinsider.com/2020/05/161757-digitalbanking-in-bahrain-now-seen-as-a-necessity-nota-luxury-like-before-due-to-covid-19-local-fintechprofessional-says/).

**Financial Inclusion Insights**. 2020. *Overview*. In: Financial Inclusion Insights [online]. [Cited 12 September 2020]. http://finclusion.org/topic/ over-the-counter.html#overview.

**Finnish Ministry for Foreign Affairs.** 2020. *The corona crisis threatens vital remittances to Nepal at risk due to coronavirus outbreak, Ambassador Pertti Anttinen in an interview.* Press release, 4 May 2020. (also available at https://valtioneuvosto.fi/en/article/-/asset_publisher/koronakriisiuhkaa-nepalille-elintarkeita-rahalahetyksiahaastattelussa-suurlahettilas-pertti-anttinen).

**Fitch Solutions.** 2020. Covid-19 impact will boost e-commerce demand and development in Africa. *Fitch Solutions,* 12 May 2020. (also available at https://www.fitchsolutions.com/corporates/retailconsumer/covid-19-impact-will-boost-e-commercedemand-and-development-africa-12-05-2020).

Frankel, J. 2011. Are bilateral remittances countercyclical? *Open Economy Review,* 22:1–16.

FSD Africa. 2018. *Moving money and mindsets.* Reducing poverty through financial development report. Nairobi, Kenya.

Gentilini, U., Almenfi, A., Dale, P., Lopez, V. & Zafar, U. 2020a. *Social protection and jobs responses to COVID-19: A real-time review of country measures.* "Living paper" version 12 (10 July 2020). The World Bank Group, https://www.ugogentilini.net/wp-content/uploads/2020/06/SP-COVIDresponses_June-12.pdf?utm_medium=email&utm_ source=govdelivery.

Gentilini, U., Grosh, M., Rigolini, J. & Yemtsov, R. 2020b. *Exploring universal basic income: A guide to navigating concepts, evidence, and practices.* Washington, DC, The World Bank Group.

Glenbrook Partners. 2020. *Emergency disbursements during COVID-19: Regulatory tools for rapid account opening and oversight.* San Mateo, USA.

Go-Gulf. 2017. *Cash on delivery in Middle East – Statistics and Trends.* Dubai, Go-Gulf.

Government of Ghana. 2020a. *Digital financial services policy.* Accra, Government of Ghana.

Government of Ghana. 2020b. *Toward a cashlite Ghana building an inclusive digital payments ecosystem.* Accra, Government of Ghana.

Gravesteijn, R., Aneja, A. & Cao, H. 2020. *Migrant remittances in the times of Covid-19: Insights from Remittance Service Providers.* New York, United Nations Capital Development Fund.

Gravesteijn, R., Mensah, S. & Aneja, A. 2020. *The impact of COVID-19 on migrants and their families.* New York, United Nations Capital Development Fund.

Global System for Mobile Communications (GSMA). 2014. *Mobile money for the unbanked mobile money profitability: A digital ecosystem to drive healthy margins.* London: Global System for Mobile Communications.

GSMA. 2018a. *Unlocking the digital potential of Pakistan's e-commerce industry.* London.

GSMA. 2018b. *Moving beyond over-the-counter transactions.* London.

GSMA. 2019. *The State of the Industry report on mobile money 2019.* London.

GSMA. 2020a. *Connected women: The mobile gender gap report 2020.* London.

GSMA. 2020b. *Mobile money recommendations to central banks in response to COVID-19.* London, Global System for Mobile Communications.

Hatim, Y. 2020. Application for 3rd COVID-19 aid opens today for informal workers. *Morocco World News,* 21 May 2020. (also available at https:// www.moroccoworldnews.com/2020/05/303324/application-for-3rd-covid-19-aid-opens-today-forinformal-workers/).

Hernandez, E. & Kim, D. 2020. *Agent networks: Vital to COVID-19 response, in need of support.* Washington, DC, Consultative Group to Assist the Poor.

Hinchliffe, R. 2020. HSBC joins Alibaba to offer Hong Kong's online merchants quick loans. *Fintech Futures,* 9 April 2020. (also available at https:// www.fintechfutures.com/2020/03/hsbc-joinsalibaba-to-offer-hong-kongs-online-merchantsquick-loans/).

Huang, Y., Sun, M. & Sui, Y. 2020. How digital contact tracing slowed COVID-19 in Central Asia. *Harvard Business Review,* 15 April 2020. (also available at https://hbr.org/2020/04/how-digital-contacttracing-slowed-covid-19-in-east-asia).

International Fund for Agricultural Development (IFAD). 2015. *The use of remittances and financial inclusion.* Report to the G20 Global Partnership for Financial Inclusion. Rome.

**International Labour Organization (ILO).** 2020a. *COVID-19 crisis and the informal economy - Immediate responses and policy challenge.* Geneva, Switzerland.

**ILO.** 2020b. *MSME Day 2020: The COVID -19 pandemic and its impact on small business.* Geneva, Switzerland.

**Jenik, I., Duff, S. & de Monfort, S.** 2019. *Do regulatory sandboxes impact financial inclusion? A look at the data.* Washington, D.C., Consultative Group to Assist the Poor.

**Kazeem, Y.** 2020. African e-commerce is getting a much-needed boost from coronavirus lockdowns. *Quartz*, 19 May 2020. (also available at https:// qz.com/africa/1855227/africas-e-commerceboosted-by-coronavirus-lockdowns/).

**KBV Research.** 2020. *Global digital remittance market by type by end use by channel by region, industry analysis and forecast, 2020–2026.* Ghaziabad, India.

**Khor, A.** 2020. *UNCDF, MetLife Foundation and Singapore Fintech Festival announce the launch of COVID-19 financial health challenge.* New York, United Nations Capital Development Fund.

**Kumar. R. & Shah, R**. 2020. Pakistan: Digital payments boom under Covid-19 lockdown. *Tellimer*, 5 May 2020. (also available at https://tellimer.com/ article/pakistan-digital-payments-boom-undercovid-19).

**Lagos Shemin, J.** 2020. Will the coronavirus pandemic push Africa's mobile money markets to the next level? *Next Billion,* 25 March 2020. (also available at https://nextbillion.net/coronavirus-africa-mobilemoney).

**Lepecq, G.** 2020. Central banks speak out for cash. *Cash Essentials,* 23 March 2020. (also available at https://cashessentials.org/central-banks-speakout-for-cash/).

**LightCastle Partners.** 2020. *Mobile financial services: Acceleration in digital transactions amidst COVID-19.* Dhaka, Bangladesh.

**Local Circles.** 2020. *42% Indians say they have increased their use of digital payments in last 3 weeks during lockdown.* Noida, India.

**Marous, J.** 2020. COVID-19 provides opportunity for digital transformation. *Financial Brand,* 8 April 2020. (also available at https://thefinancialbrand.com/ 94700/covid-19-digital-banking-transformationopportunities/).

**Mas, I. & Porteous, D.** 2013. *A cash-lite world: Safe, cheap and convenient payments for all.* SSRN Electronic Journal. 10.2139/ssrn.1978177.

**Mburu, J.** 2020. *How COVID-19 has affected digital payments to merchants in Kenya.* Nairobi, Financial Sector Deepening Kenya.

**McKay, C., Mdluli G., Chebii, M. & Malu, V.** 2020. *The future of government-to-person (G2P) payments: Innovating for customer choice in Kenya.* Washington, DC, Consultative Group to Assist the Poor.

**Moreira, S.** 2020. Auxílio de R$600: Beneficiários emitem boleto para sacar valores. *Noticias con Concursos*, 2 July 2020. (also available at https:// noticiasconcursos.com.br/direitos-trabalhador/auxilio-de-r600-beneficiarios-emitem-boleto-parasacar-valores/).

**Niazi, A., Meiryium, A., Shahid, A. & Naqvi, H.** 2020. The pandemic is e-commerce's time to shine. But will it last? *Pakistan Today,* 4 May 2020. (also available at https://profit.pakistantoday.com.pk/2020/05/04/the-pandemic-is-e-commercestime-to-shine-but-will-it-last/).

**Nishtar, S.** 2020. COVID-19 and the pursuit of financial inclusion in Pakistan. *NextBillion*, 3 June

2020. (also available at https://nextbillion.net/news/covid-19-and-the-pursuit-of-financial-inclusion-inpakistan/).

**Novissi.** 2020. *Novissi – Programme De Revenu Universel De Solidarité*. https://novissi.gouv.tg/en/ home-new-en.

**O'Hear, S.** 2020. Move fast, make things - UK fintech's response to the coronavirus continues. *TechCrunch,* 8 April 2020. (also available at https:// techcrunch.com/2020/04/08/move-fast-makethings-uk-fintechs-response-to-the-coronaviruscrisis-continues/).

**Okai, A.** 2020. *Five ways to keep remittances flowing in COVID-19*. New York, United Nations Development Programme.

**Onyimadu, C.O.** 2020. *Nigeria's targeted credit facility for COVID-19*. Public Financial Management Blog, 1 June 2020. (also available at https://blog-pfm.imf.org/pfmblog/2020/06/-nigerias-targeted-creditfacility-for-covid19-.html).

**Ortiz, I., Behrendt, C., Acuña-Ulate, A. & Anh, N.Q.** 2018. *Universal basic income proposals in light of ILO standards: Key issues and global costing*. ESS -- Working Paper No. 62. Geneva, International Labour Organization.

**Oxford Business Group.** 2020a. *How can digital solutions aid Nigeria's COVID-19 fight?* Atalayar, 10 April 2020. (also available at https://atalayar.com/ en/content/how-can-digital-solutions-aidnigeria%E2%80%99s-covid-19-fight).

**Oxford Business Group.** 2020b. *Under the microscope: How are CEOs responding to the disruption of Covid-19?* Oxford Business Group, 19 May 2020. (also available at https:// oxfordbusinessgroup.com/blog/souhir-mzali/obgceo-surveys/under-microscope-how-are-ceosresponding-disruption-covid-19).

**Packard,T.G., Gentilini, U., Grosh, M.E., O'Keefe, P.B., Palacios, R.J., Robalino, D.A. & Santos, I.V.** 2019. *Protecting all: Risk sharing for a diverse and diversifying world of work*. Washington, DC, World Bank Group.

**Peru Retail**. 2020. *Conozca las tendencias del ecommerce en América Latina tras la crisis del Covid-19*. Peru Retail, 7 July 2020. (also available at https://www.peru-retail.com/conozca-lastendencias-del-ecommerce-en-america-latinatras-la-crisis-del-covid-19/).

**Peyton, N.** 2020. *Coronavirus seen as trigger for mobile money growth in West Africa*. Reuters, 1 April 2020. (also available at https://www.reuters.com/article/health-coronavirus-africa/coronavirusseen-as-trigger-for-mobile-money-growth-in-westafrica-idUSL8N2BN6AF).

**Ratha, D., De, S., Islamaj, E., Khose, A. & Yousefi, R.S.** 2015. *Can remittances help promote consumption stability?* In: Global Economic Prospects, Chapter Four. Washington, D.C, World Bank Group.

**Ratha, D., De, S., Kim, E.J., Plaza, S., Seshan, G.K. & Yameogo, N.** 2019. *Migration and remittances: Recent developments and outlook*. Migration and Development Brief; no. 31. Washington, D.C., World Bank Group and KNOMAD.

**Ratha, D., De, S., Kim, E.J., Plaza, S., Seshan, G.K. & Yameogo, N.** 2020. *COVID-19 crisis through a migration lens*. Migration and Development Brief; no. 32. Washington, DC, World Bank Group and KNOMAD.

**Rothe, M.** 2020. Instant liquidity support for mobile money agents. *FinDev Gateway,* 5 June 2020. (also available at https://www.findevgateway.org/blog/2020/06/instant-liquidity-supportmobilemoney-agents).

**Rutkowsky, M., Garcia Mora, A., Bull, G.L., Guermazi, B. & Grown, C.** 2020. *Responding to crisis with digital payments for social protection: Short-term measures with long-term benefits.* Washington, D.C., World Bank Group.

**Saigol, L.** 2020. Coronavirus lockdowns and social-distancing fuel surge in use of fintech apps. *MarketWatch,* 30 March 2020. (also available at https://www.marketwatch.com/story/coronaviruslockdowns-and-social-distancing-fuel-surge-inuse-of-fintech-apps-2020-03-30).

**Sayeh, A. & Chami, R.** 2020. *Lifelines in danger.* Finance and Development, 57(2):16–19.

**Schicks, J.** 2020. COVID-19 has made MFI digital transformation even more urgent: How can funders help? *Findev Gateway,* 30 June 2020. (also available at https://www.findevgateway.org/blog/2020/06/covid-19-has-made-mfi-digital-transformationeven-more-urgent-how-can-funders-help).

**SCMP.** 2020. HSBC teams up with Alibaba's Cainiao logistics unit to offer quick loans to Tmall merchants in Hong Kong. *South China Morning Post,* 20 March 2020. (also available at https://www.scmp.com/business/banking-finance/article/3076007/hsbcteams-alibabas-cainiao-logistics-unit-offer-quick).

**Shevchenko, A.** 2020. China tracks victims of coronavirus with WeChat and Alipay. *Cointelegraph,* 18 February 2020. (also available at https:// cointelegraph.com/news/china-tracks-victims-ofcoronavirus-with-wechat-and-alipay).

**Shrestha, P.M.** 2020. Banks digitise remittance processing after lockdown. *Kathmandu Post,* 16 May 2020. (also available at https:// kathmandupost.com/money/2020/05/16/banksdigitise-remittance-processing-after-lockdown).

**SME Finance Forum.** 2020. *MSME finance gap.* https://www.smefinanceforum.org/data-sites/msmefinance-gap.

**TBS.** 2020. bKash had the foresight to invest on tech. Pandemic is now bearing fruit. *The Business Standard, 20* July 2020. (also available at https:// tbsnews.net/economy/bkash-had-foresight-investtech-pandemic-now-bearing-fruit-108694).

**Thapliyal, M. & Goli, V.** 2020. *How India is securing its G2P beneficiaries from COVID-19—Lessons for other countries to create a G2P delivery platform.* Lucknow, MicroSave Consulting.

**Theodorou, Y.** 2020. *Policy and regulatory recommendations to facilitate mobile humanitarian and social assistance during COVID-19.* London, Global System for Mobile Communication.

**Theodorou, Y., Chege, S. & Warnes, J.** 2020. *Here's how governments can help mobile phones become a humanitarian lifeline.* Cologny, World Economic Forum.

**United Nations Capital Development Fund (UNCDF).** 2020a. *The impact of COVID-19 on migrants and remittances.* New York, USA.

**UNCDF.** 2020b. *Migrant remittances in the times of Covid-19: Insights from remittance service providers.* New York, USA.

**UNCDF.** 2020c. *UNCDF response to Covid-19.* New York, USA.

**United Nations Department of Economic and Social Affairs (UNDESA).** 2020. *COVID-19: Embracing digital government during the pandemic and beyond.* Policy Brief no. 61. New York.

**Van Doremalen, N., Bushmaker, T., Morris, D.H., Holbrook, M.G., Gamble, A., Williamson, B.N., Tamin, A., Harcourt, J.L., Thornburg, N., Gerber, S., Lloyd Smith, J., de Wit, E. &**

**Munster, V.J.** 2020. *Aerosol and surface stability of SARS-CoV-2 as compared with SARS-CoV-1.* New England Journal of Medicine 382:1564–1567; DOI: 10.1056/NEJMc2004973.

**Varma, R.** 2020. Unlocking the future of SME lending with digital. *Inc42,* 12 July 2020. (also available at https://inc42.com/resources/unlocking-the-futureof-sme-lending-with-digital/).

**VISA.** 2020. *The Visa Back to Business Study – Global small business and consumer insights – Powering recovery through digital and contactless payments amidst COVID-19.* San Francisco, USA.

**World Food Programme (WFP).** 2017. *Blockchain 'crypto' assistance at WFP.* Rome.

**WFP.** 2020. *How blockchain is helping WFP's fight against coronavirus in Bangladesh.* Rome.

**World Health Organization (WHO).** 2020. *Ethical considerations to guide the use of digital proximity tracking technologies for COVID-19 contact tracing.* Geneva, Switzerland.

**Women in Informal Employment: Globalizing and Organizing (WIEGO).** 2020. *Government responses to COVID-19 crisis.* Manchester, UK.

**World Bank Group.** 2018. *Toward universal financial inclusion in China: Models, challenges, and global lessons.* Washington, DC.

**World Bank Group.** 2020a. *COVID-19 (Coronavirus) policy response on facilitating the use of digital payments in Russia.* Washington, DC.

**World Bank Group.** 2020b. *Turbulent times for growth in Kenya: Policy options during the COVID-19 pandemic.* Kenya Economic Update no. 21. Washington, DC.

**World Trade Organization (WTO).** 2020. E-commerce, trade and the COVID-19 pandemic. Information Note. Geneva, Switzerland.

**Yalla, B. & Rowan, P.** 2020. *FinTech and regulation: Thinking outside the (sand)box.* Nairobi, Financial Sector Deepening Africa.

**Xiao, Y. & Chorzempa, M.** 2020. *How digital payments can help countries cope with COVID-19, other pandemics: Lessons from China.* Cologny, World Economic Forum.

**Zetterli, P.** 2020a. *Is there a liquidity crisis among MFIs, and if so, where?* Washington, DC, Consultative Group to Assist the Poor.

**Zetterli, P.** 2020b. *Four ways microfinance institutions are responding to COVID-19.* Washington, DC, Consultative Group to Assist the Poor.

图书在版编目（CIP）数据

新冠肺炎疫情下的数字金融行业及其普惠性：教训、经验和建议 / 联合国粮食及农业组织编著；王玉庭等译 . —北京：中国农业出版社，2022.12
（FAO中文出版计划项目丛书）
ISBN 978-7-109-30168-9

Ⅰ.①新…　Ⅱ.①联…　②王…　Ⅲ.①数字技术—应用—金融业—研究　Ⅳ.①F83-39

中国版本图书馆CIP数据核字（2022）第198191号

著作权合同登记号：图字01-2022-3354号

新冠肺炎疫情下的数字金融行业及其普惠性
XINGUAN FEIYAN YIQINGXIA DE SHUZI JINRONG HANGYE JIQI PUHUIXING

中国农业出版社出版
地址：北京市朝阳区麦子店街18号楼
邮编：100125
责任编辑：郑　君
版式设计：杜　然　　责任校对：吴丽婷
印刷：北京通州皇家印刷厂
版次：2022年12月第1版
印次：2022年12月北京第1次印刷
发行：新华书店北京发行所
开本：700mm×1000mm　1/16
印张：6
字数：120千字
定价：70.00元